ओ मेरी पाठशाला

(विद्यालय पर एकाग्र कविताएँ)

ओ मेरी पाठशाला

(कविता संग्रह)

सागर कुमार शर्मा

Notion Press Media Pvt Ltd
Chennai- 600095

ISBN : 9798895564653

ओ मेरी पाठशाला

कवि : सागर कुमार शर्मा

Published by
Notion Press Media Pvt Ltd
No.50, Chettiyar Agaram Main Road,
Vanagaram, Chennai, Tamil Nadu 600095
publish@notionpress.com +91 44 46315631

संस्करण : 2024
मूल्य : पेपरबैक 250/-

○

श्रद्धेय जनक-जननी

श्री शरद शर्मा एवं श्रीमती सुधा शर्मा

तथा मेरे प्रेरणा-स्रोत समस्त गुरुजनों

को समर्पित

○

भूमिका

विद्यालय पर एकाग्र काव्य-संग्रह 'ओ मेरी पाठशाला' न केवल प्रयोगपरकता का प्रमाण है, वरन् एक विचार को संवेदना और विषय को भावना के साथ प्रस्तुतिकरण का अनोखा अंदाज़ भी है। सागर कुमार शर्मा छत्तीसगढ़ के प्रतिनिधि साहित्यकार, विशेषकर कवि-रूप में तो प्रसिद्ध हैं ही। एक अनुभवी अध्यापक होने के नाते उन्होंने गद्य में प्रस्तुत होने वाली रचनाओं को पद्य में रूपांतरित करके कीर्तिमान स्थापित किया है और साथ ही यह संदेश संप्रेषित किया है कि कविता-रूपी सरोवर में भाव और विचार-रूपी बकरी और शेर एक घाट में आकर पानी पीते हैं।

पाठशाला में संगृहीत कविताएँ इस तरह संबद्ध और क्रमबद्ध हैं कि प्रत्येक अपने आपमें पूर्ण और स्वतंत्र है और परस्पर पूरक के रूप में पूर्णता की ओर प्रस्थित भी। इसमें अनेक रचनाएँ ऐसी हैं, जिन पर कविता लिखना सबके वश की बात नहीं है। एक आदर्श अध्यापक, जो पाठशाला के प्रति पूर्ण समर्पित है और एक कुशल कवि, जो शैक्षणिक अंगोपांगों को संवेदना के साँचे में ढाल पाने में समर्थ हो, वही प्रवीणता के साथ पाठशाला का प्रणयन कर सकता है।

पाठशाला पर प्राधिकृत पुस्तकें पर्याप्त हैं, लेकिन काव्य पर केंद्रित और रसिक पाठकों के लिए सुलभ-सुबोध सृजनात्मक साहित्य के निकष पर प्रस्तुत संग्रह नए कलेवर के साथ उल्लेखनीय बन गया है। इसमें शैक्षणिक ज्ञान और समझ को सरस बनाकर प्रकारांतर में सूत्र-रूप में सँजोने का संयोजन महत्वपूर्ण प्रमाणित हुआ है।

शिक्षक और गुरु में अंतर निर्दिष्ट कराती ये कविताएँ वर्तमान और भविष्य की शिक्षा-व्यवस्था को विवेचित करती हैं। जहाँ शिक्षक आरोपित शिक्षा देने का कार्य करता है, इसलिए वह टीचर भी कहलाता है। वह व्यवसाय अर्थात् आजीविका निर्वाह के लिए इस पद पर प्रतिष्ठित होता है। यह प्रकारांतर में मैकाले-पद्धति को अपनाने के लिए विवश है। ऐसे शिक्षक प्रशिक्षण लेते हैं और शिक्षा महाविद्यालय इस व्यवस्था के केंद्र बने हुए हैं। अंग्रेज़ी में प्रोफेसर भी प्रोफेक्ष से समीकृत है अर्थात् जो प्रोफ़ेशनल है, वही प्रोफ़ेसर है। रीडर का कार्य रीड करना है, जबकि लेक्चरर अर्थात् व्याख्याता व्याख्यान देकर इतिश्री करता है। वहीं गुरु तो भारतीय संस्कृति में पूज्य हैं, जो संस्कारित शिक्षा प्रदान कर देश को नई पौध देकर सुदृढ़-संपन्न करते हैं। यह भारतीय स्वरूप का प्राचीन गौरवशाली पृष्ठ है, जिसका एक प्रतिशत स्वरूप भी आधुनिक शिक्षा में आ जाए, तो देश के सर्वांगीण विकास को कोई रोक नहीं सकता। यह राष्ट्रीय शिक्षा-नीति का आधार बने, यही कामना है।

प्रस्तुत कृति में पाठशाला के प्रादर्श की आधारभूत संरचना के साथ विकास की संभावनाएँ भी संग्रथित हैं। ओ मेरी पाठशाला में पर्यावरण, एनसीसी, कराटे-प्रशिक्षण, नशा-मुक्ति अभियान, यूथ एवं इको क्लब, मतदान, शारदालय, संकल्प आदि कविताओं के माध्यम से परिवर्तित नवीन स्वरूप के साथ सेवानिवृत्ति पर्यंत ज्ञान की मशाल लिए कवि सागर कुमार शर्मा प्रस्तुत हैं।

प्रस्तुत कृति की भाषा सरल-सहज, सुगम और सुबोध है। इसमें अरबी, फ़ारसी और अंग्रेज़ी के प्रचलित शब्द आकर भावों और विचारों को संप्रेषणीय बनाते हैं।

इसी तरह यत्किंचित् आयातित अलंकारों से संवेदना समृद्धि ही हुई है और मुक्त छंद होकर भी कविताएँ लयात्मकता से आपूरित हैं। इस महत्वपूर्ण उपलब्धि के लिए कवि सागर कुमार शर्मा को बधाई और शुभकामनाएँ भी।

दिनांक : 21.07.2024   **डॉ. विनय कुमार पाठक**

पूर्व अध्यक्ष (राज्यमंत्री दर्जा)

छत्तीसगढ़ राजभाषा आयोग

कुलपति, थावे विद्यापीठ, गोपालगंज बिहार)

निवास – बिलासपुर (छत्तीसगढ़)

लेखकीय

किसी बच्चे की पहली पाठशाला उसका घर होता है और पहले गुरु होते हैं माता-पिता। माता-पिता से वो सीखने की शुरुआत करता है। इसके बाद वह विद्यालय आता है। इस प्रकार विद्यालय उसका दूसरा घर होता है और शिक्षक उसके दूसरे अभिभावक, क्योंकि विद्यार्थी अपने रोज़ के जीवन के चौबीस घंटों में से कम-से-कम छह घंटे विद्यालय में बिताता है। शिक्षक उसके अभिभावक की तरह ही उसे सिखाने में लगे रहते हैं। हर किसी के जीवन में उसका विद्यालय और उसके गुरुजन अद्वितीय महत्व रखते हैं और विद्यार्थी ताउम्र उन्हें भुला नहीं पाता है।

मेरा सौभाग्य है कि माता-पिता और गुरुजनों के आशीर्वाद से जिस विद्यालय में मैंने पढ़ाई की, वहीं मैं शिक्षक बना। छात्र जीवन से ही मैंने अपनी पाठशाला के प्रत्येक वस्तु को देखा है, महसूस किया है। पाठशाला हमें प्रतिदिन नया संदेश देती है। पाठशाला जीवन से जुड़े संदेश देती है। यह निरंतर आगे बढ़ने और लक्ष्य हासिल करने का संदेश देती है। पाठशाला के इस संदेश को मैंने सहज रूप से महसूस किया और उसे मूर्त रूप देने का प्रयास किया है। मुझे शिक्षण कार्य पसंद है, क्योंकि इससे हमारे देश के बच्चों को एक अच्छे व श्रेष्ठ नागरिकों के रूप में आकार दिया जा सकता है, इसलिए मैं राष्ट्र निर्माण के लिए सदैव एक शिक्षक बनना चाहता था। राष्ट्र निर्माण के लिए शिक्षक बनने-सा ही अपने राष्ट्र की रक्षा के लिए सैनिक होना भी मेरी इच्छा थी। इस तरह राष्ट्र को महान बनाना ही मेरा लक्ष्य निर्धारित हो गया। युवा ही राष्ट्र को महान बना सकते हैं। युवाओं के मस्तिष्क में विचार उच्च होने चाहिए। एक धागे में कई फूल पिरोकर ही माला बनाई जा सकती है। इतिहास साक्षी है कि सृष्टि के मार्गदर्शक गुरु-शिक्षक ही रहे हैं और सदैव इनका मार्गदर्शन समाज को मिलता रहा है।

अगर गुरु निस्वार्थ योगदान से मुख मोड़ लें, तो यह धरा दिशाहीन हो जाएगी, किंतु गुरु अपने मूलभूत सिद्धांत शिक्षा और सर्वे भवंतु सुखिना पर क़ायम रहते हैं। मानवीय व्यक्तित्व विकास में शिक्षा का महत्व है। सदैव से ही माता-पिता की तरह ही गुरु को भी एक पालक, माता-पिता तुल्य समझकर सम्मान एवं महत्व दिया गया है, इसीलिए ही गुरुदेव और गुरुमाता की संज्ञा दी गई है इन्हें। जन्म-मरण में मुक्ति का साधन एवं पथ प्रदर्शक माना गया है गुरु को। गुरु को तो ईश्वर से भी ऊपर बताया गया है। गुरु गोविंद दोनों खड़े, काके लागू पाए।

शिक्षक होना अपने आपमें एक सुखद अनुभूति है। मैंने सिर्फ़ काम या रोज़गार के लिए यह व्यवसाय न चुनकर इसे जीने की कोशिश की है। बचपन से ही आँखों में जिन्हें आदर्श रूप में देखा और पाया, वे मेरे गुरुजन और शिक्षक ही रहे हैं। राजिम मेरी जन्म भूमि है और यहाँ के शासकीय प्राथमिक शाला, माध्यमिक शाला एवं महाविद्यालय से शिक्षा ग्रहण करना और यहीं पदस्थ होकर पुनः उसी स्थान में उसी विद्यालय में अध्यापन कार्य करना मेरा सौभाग्य ही है। मुझे जीवन को दुबारा जीने का अवसर प्राप्त हुआ है। मेरा विद्यालय, यहाँ की जनता और छात्रों से केवल व्यवसायिक या प्रोफ़ेशनल व्यवहार न होकर भावनात्मक संबंध है। यही मुझे बल प्रदान करता है और मुझे प्रेरित करता है कि मैं अपना सब कुछ समर्पित कर दूँ, ताकि मेरे विद्यालय, मेरे छात्र, मेरे गाँव और मेरे लोगों से मैं जुड़ा रहूँ, हमेशा-हमेशा के लिए।

पारिवारिक पृष्ठभूमि साहित्यिक होने के कारण काव्य-साहित्य के प्रति अभिरुचि और सृजनशीलता रक्त प्रवाह की तरह ही विद्यमान है। बचपन में इसी विद्यालय के मंच ने और यहाँ के शिक्षकों ने मुझे हौसला दिया और मुझे मुखरता प्राप्त हुई। विद्यालय की जो भी स्मृतियाँ हैं मेरे ज़ेहन में और अपने अध्ययन-अध्यापन के दौरान यहाँ की गतिविधियों से जुड़े रहने के कारण जो भी मुझे महसूस हुआ उससे मेरी

क़लम कब चलने लगी, पता ही नहीं चला। सुख-दुख, जीत-हार, सफलता-असफलता और सम्मान-अपमान हमारे सामाजिक, निजी एवं व्यवसायिक जीवन में प्राप्त होते रहते हैं। ये मुझे भी प्राप्त होते रहे हैं। जब कोई बात हृदय में आई, जिसे बोल नहीं पाया या कभी बोल भी लिया, तो पहले ही क़लम स्वमेव कोरे काग़ज़ को रंगती रही और मेरी पाठशाला गहरी होती रही।

मेरे साहित्य के क्षेत्र के प्रेरणा-स्रोत बड़े भैया श्री सुजश कुमार शर्मा जी की सतत प्रेरणा और सामान्य आदमी को भी कवि-साहित्यकार बनाकर छोड़ने की मनोवैज्ञानिक कला मुझ पर काम कर गई। साथ ही मेरी माता जी श्रीमती सुधा शर्मा एवं पिता जी श्री शरद शर्मा, जो न केवल साहित्य की रचना किए हैं, सेवा किए हैं, बल्कि जीवन को ही साहित्य बना लिए हैं, उनका आशीर्वाद और सदैव का साथ ही आज 'ओ मेरी पाठशाला' के रूप में सुधि पाठकों के समक्ष है। इसकी रचना में मेरे समस्त गुरुजन, सहपाठी, पुराने मित्र के साथ ही वर्तमान में कार्यरत शिक्षक साथियों, मेरे छात्रों और विद्यालय से कुछ-न-कुछ मुझे प्राप्त होता रहा, जो मेरी क़लम को चलते रहने के लिए ईंधन का काम किया।

जब कभी भी मैं स्वयं को सोचता हूँ, तो जीवन का अभिन्न अंग मेरा विद्यालय और मेरे छात्र ही सामने होते हैं। मैंने 'ओ मेरी पाठशाला' को केवल साहित्य रूप में लिखा नहीं है, बल्कि अपने मन के भावों को प्रकट किया है। शिक्षा जगत् में ऐसे तो अलग-अलग विषयों पर विद्वान-मनीषियों द्वारा कई रचनाएँ की गई हैं, किंतु मैंने सिर्फ़ विद्यालय को ही केंद्र में रखकर लिखने का प्रयास किया है। यह संकलन निश्चित ही अपने विद्यालय के प्रति मेरे सम्मान, प्रेम और जुड़ाव का दर्पण है। पाठक इसे पढ़कर निश्चित ही अपने विद्यालय का स्मरण करेंगे।

प्रिय पाठको, मेरी यह पुस्तक मुख्यतः शिक्षकों, छात्रों, पालकों व आप सभी से अपने छात्र जीवन के साथ-साथ शिक्षकीय जीवन के अनुभव बाँटने के लिए है। अगर पाठकगण इससे कुछ प्रेरणा ले सकें, तो मैं अपने जीवन को धन्य समझूँगा। एक शिक्षक के रूप में कार्य करते हुए मुझे चौदह वर्ष हो चुके हैं। इसके पहले मैंने जीवकोपार्जन हेतु और भी बहुत से कार्य किए हैं, लेकिन मुझे सुकून कहीं नहीं मिला।

मेरी ईश्वर में गहरी आस्था है, इसलिए प्रारंभ में मैंने अध्यात्म से जुड़कर ईश्वर की अनुभूति के लिए कई रास्ते खोजे और हिंदू धर्म अनुरूप, जो भी धार्मिक कृत्य किया जा सकता था, मैंने किया, किंतु मैंने पाया कि मैं नियमित पूजा-पाठ, कर्म-कांड आदि नहीं कर पाता हूँ और इसमें मुझे रुचि भी नहीं है। मेरा मानना है कि भक्ति का अर्थ होता है सेवा। अगर हम इस दुनिया को ईश्वर का ही स्वरूप मानें और सभी के प्रति सद्भावना रखते हुए सेवा-भाव से अच्छे कर्म करें, तो यह भी ईश्वर की ही भक्ति हुई। जब इस मर्म को मैं समझ पाया तब तक जीवन के कई वसंत निकल चुके थे।

वर्तमान में एक शिक्षक होते हुए, मुझे बहुत अच्छा लगता है। बच्चों के बीच रहना और उन्हें पढ़ाना, उनके भावी जीवन में एक अच्छे व्यक्तित्व के निर्माण के लिए मुझसे जो भी बन पड़ता है, विद्यालय समय में और उसके बाद भी करने की कोशिश करता रहता हूँ। और सच बात तो ये है कि इसमें मुझे आनंद प्राप्त होता है, सुकून मिलता है। मैंने अपने इसी शिक्षकीय कर्म को ईश्वर की भक्ति बना लिया है। मेरे लिए मेरा विद्यालय ही मंदिर है और यहाँ के विद्यार्थी मेरे आराध्य हैं। जिनकी आराधना ही मेरा जीवन का आधार है। जिस प्रकार ईश्वर की भक्ति के लिए अपने आपको ईश्वर को पूरी तरह समर्पित करना होता है, सौंपना होता है। ठीक उसी प्रकार ही मैंने पूरी तरह से अपने आपको विद्यालय के लिए समर्पित कर दिया है। अगर भक्ति की चरम सीमा परम शांति है, तो यक़ीन मानिए, मैं पूर्णतया संतुष्ट हूँ।

एक शिक्षक के रूप में मेरी भक्ति को ईश्वर ने स्वीकार कर लिया। मुझे मेरे छात्रों का प्रेम, उनका मेरे प्रति विश्वास और मेरे नगरवासियों का मेरे प्रति प्रेम ही मेरा प्रसाद है। जब पालकों की आँखों में देखने पर उनके विश्वास की झलक दिखाई देती है, तो मुझे लगता है कि ईश्वर की कृपा बरस रही है।

मेरा शिक्षक साथियों से यही कहना है कि शिक्षक कोई सामान्य इंसान नहीं होता है। अपने महत्व और गरिमा को समझते हुए हम शिक्षकों को राष्ट्र निर्माण के लिए एक शिल्पकार की तरह ही अपनी उत्कृष्ट कला का प्रदर्शन कर भावी नागरिक तैयार करना है।

विद्यालय को लेकर जब भी कोई मनोभाव, विचार की तरंग उत्पन्न हुई, उन्हें शब्दों का रूप दिया है। जिसकी प्रथम प्रस्तुति के रूप में ये काव्य संकलन आपके सामने है। इस पुस्तक की माला में एकसठ फूल पिरोए गए हैं। मुझे पूरी उम्मीद है कि इन फूलों की खुशबू आपके हृदय में अपने विद्यालय और वहाँ की स्मृतियों की भूली-बिसरी महक का एहसास ज़रूर करवाएगी।

आदरणीय डॉक्टर विनय कुमार पाठक सर ने इस पुस्तक की भूमिका लिखकर जो आशीर्वाद प्रदान किया है, वह मुझे सदैव ऊर्जा प्रदान करता रहेगा, प्रोत्साहित करता रहेगा।

इस पुस्तक के अतिरिक्त और भी बहुत से फूल अपने मन की बग़िया में इस विद्यालय के लिए खिलाए हैं, जिन्हें अगली माला में पिरोकर आपके सम्मान में निकट भविष्य में समर्पित करूँगा। तब तक के लिए सादर वंदे मातरम्।

दिनांक : 20.08.2024   **सागर कुमार शर्मा**

अनुक्रम

ओ मेरी पाठशाला

तुम्हें तो जैसे मैं भूल ही गया था
और यक़ीन मानो, मुझे कोई उम्मीद भी नहीं थी
या मैंने कभी सोचा भी न था
कि हमारी फिर से मुलाक़ात होगी
और यूँ वर्षों तक हम एक-दूसरे के साथ रह पाएँगे

हाँ, जब तुम्हें पहली बार देखा था
तब मेरी उम्र कम थी
और मुझे आज भी याद है
तुम मुझे बहुत ही अच्छी लगती थी
और मुझे बहुत आकर्षित करती थी

फिर कुछ वर्ष हम साथ रहे
और अपने जीवन के उन पलों को मैं ताउम्र नहीं भूल सका
उन चंद वर्षों में तुमने मुझे बहुत कुछ दिया
और मैंने बहुत कुछ सीखा
या यूँ कहो कि मुझे एक इंसान बनाया

फिर हमारी जुदाई का वो पल भी आया
जब मैं अपने जीवन के सपनों को पूरा करने
अपना क़दम आगे बढ़ाया
तुम्हारी याद कुछ महीनों तक ज़रूर आई थी
लेकिन नए साथी नई जगह के साथ
मैं धीरे-धीरे तुम्हें भूलने लगा

हाँ, लेकिन ये भी सच है
कि जब भी लौटा मैं अपने गाँव
तुम्हारी याद मुझे ज़रूर आती थी
और जब भी उस रास्ते से गुज़रता था
जहाँ तुम हमेशा से खड़ी रही
जैसे तुम्हें आज भी किसी का इंतज़ार हो
मैं भी रुककर तुम्हें एक बार ज़रूर निहार लेता था
और फिर से कुछ पलों के लिए ही सही
उन पुरानी यादों में खो जाता था
जो हमने साथ जिया था

और क़िस्मत भी बड़े अजीब खेल खेलती है
हमें बिछड़ना ही था
हम बिछड़े
लेकिन फिर मिलना था
और वो भी हमेशा के लिए
और हम फिर मिले
और लो, आज हम साथ हैं

मैं बहुत ख़ुश हूँ कि हम साथ हैं
और वादा करता हूँ कि अब छोड़कर कभी नहीं जाऊँगा
और जितना मैंने तुमसे पाया
मैं उसका कर्ज़ चुकाऊँगा

तुम्हें पता है
इतने वर्षों में हम दोनों में भी बहुत बदलाव आया है
तुम अब पहले जैसी नहीं रही

तुम्हारा रूप भी जैसे बहुत बदल गया है
और तुम्हारी उम्र भी बहुत ज़्यादा हो गई है
और हाँ, मैं भी अब चालीस का हो गया हूँ
तुम्हें याद है न, हमारी पहली मुलाक़ात
तब मेरी उम्र सिर्फ़ बारह वर्ष थी

तुमसे बिछड़ने के बाद मैं वर्षों भटकता रहा
अनजानी राहों में, अलग-अलग स्थानों पर
लेकिन तुम-सा प्रेम मुझे कहीं नहीं मिला
सिर्फ़ ईंट-पत्थरों के मकान
और कुछ मतलबी लोग ही मिले

लेकिन तुम ऐसी नहीं हो
आज भी और कल भी
तुमने हमेशा सबको एक जैसा प्यार दिया

मैं ख़ुशक़िस्मत हूँ
कि तुम्हारे आँचल तले
मैंने अपना बचपन बिताया
अपनी शिक्षा पूरी की

और आज तुम्हारे आँगन में ही
मेरी आजीविका है
मैं ख़ुश हूँ
कि तेरा कर्ज़ और मेरा फ़र्ज़
दोनों ही चुका सकूँगा
ओ मेरी पाठशाला।

❖

चॉक

होंगी तुम्हारे पास बंदूक, तलवार और बारूद
लेकिन मेरे पास है मेरा हथियार
हाँ, हथियार
लेकिन मेरा हथियार
तुम्हारे हथियारों-सा विनाश नहीं करता
वो चलता है सृजन के लिए
चलता है विकास के लिए

मेरा हथियार जान नहीं लेता
तुम्हारे हथियारों की तरह
वो तो जान डाल देता है
बेजान शब्द-अलंकारों से

हाँ, हाथ मज़बूत होना चाहिए
तुम्हारे हथियारों को चलाने के लिए
लेकिन उतनी ही मज़बूती
मेरे हथियार के लिए भी अनिवार्य है
श्रम दोनों को चलाने में लगता है
लेकिन तुम्हारा शारीरिक
और मेरा मानसिक

मैं भी लहराता हूँ
तुम्हारे तलवार की तरह अपने हथियार को
लेकिन फ़र्क़ इतना है
कि तुम्हारे लहराने से लाल लकीरें बनती हैं

और मेरे लिखने से सफ़ेद
हाँ, सफ़ेद
जो शांति का प्रतीक है
जो मित्रता का प्रतीक है
तुम्हारे हथियार जीवन को मृत्यु से मिलाने वाले हैं
और मेरे जीवन को जीवन से

हाँ तुम्हारे अस्त्र-शस्त्र अलग-अलग होंगे
लेकिन मेरा अस्त्र भी यही है
और शस्त्र भी यही
फ़र्क़ इतना है
कि तुम दोनों को चलाते हो युद्ध के लिए
और मैं अस्त्र रूप में प्रयोग करता हूँ शिक्षण के लिए
और शस्त्र रूप में प्रयोग करता हूँ शिक्षण के दौरान
किसी भटके हुए ध्यान को जागृत करने के लिए

हाँ, मैं भी एक योद्धा हूँ
जो चलाता है हथियार सृजन के लिए
चलाता है हथियार जीवन के लिए

हाँ, मैं भी तैयार करता हूँ लड़ाके
जो जीवन के रण में कर सकें संघर्ष
लेकिन विनाश के लिए नहीं
अपितु विकास के लिए
हाँ, मैं एक शिक्षक हूँ
और मेरा हथियार है
चॉक।

❖

ब्लैकबोर्ड

हाँ तुम ही हो
जिस पर उकेर सकता हूँ मैं कुछ भी
रंग सकता हूँ तुम्हें विभिन्न रंगों में
अपने रंग में
भिन्न रंग में

तुम्हारा काला रंग
जिस पर सफ़ेद खड़ी-टेढ़ी लकीरें
ऐसी लकीरें खींचना चाहता हूँ
जो हाथों की लकीरों से बेहतर हों

ताकि वे आँखें
जो देखती हैं तुम्हारी तरफ़ ध्यान से
वे हाथों की लकीरों को बदलकर
वो लिख सकें अपने जीवन के पन्नों में
जो वो लिखना चाहती हैं

ताकि हर वो गणित
जो उन्हें जीवन के प्रश्नावली में उलझाए
उन्हें वे हल कर सकें

ताकि वो हर पहेली
जो जीवन की हिंदी में आती हों
जिसे वो बुझा सकें

कर सकें व्याख्या उस हर कविता की
जो उनके सफ़रनामा में आती हो
ताकि लाइफ़ के
हर ग्रामर के वाइस को चेंज कर सकें
और जीवन की भाषा को समझ सकें

ताकि पर्यावरण के बदलाव को महसूस कर सकें
और जीवन के भूगोल में
उस ऊँचाई पर चढ़ सकें
जो वो सोचती हैं

ताकि आने वाले ज्वार-भाटा को
वैज्ञानिकता से देख सकें
और जीवन के चंद्रग्रहण को समझ सकें

ताकि उन्हें संस्कार की संस्कृति की संस्कृत के श्लोक
रह सकें याद
ताकि जीवन के अकाउंट में
अपनी लायबिलिटी, प्रॉफिट और लॉस को जान सकें।

❖

व्हाइट बोर्ड

ब्लैकबोर्ड की जगह पर लगा
नया व्हाइट बोर्ड
ख़ाली व्हाइट बोर्ड की धूमिल होती सफ़ेदी पर
झाँकते कई चेहरे

एक मासूम-सा बच्चा
हाथों में लिए किताब
आँखों में लिए कुछ ख़्वाब
कुछ कर गुज़रने के लिए
आगे बढ़ने के लिए

एक लड़की हाथों में लिए
प्यारी-सी गुड़िया, कापी और क़लम के साथ
नयनों में नई अभिलाषा लिए
पढ़ने-लिखने की आशा लिए

एक और लड़का
पहने हुए एनसीसी की वर्दी
नैन उम्मीद से भरे
गर्व और सम्मान लिए
राष्ट्र की सेवा और हथेली पर जान लिए

और भी कई चेहरे
कुछ शिक्षक, कुछ साथी

कुछ भूले कुछ बिछड़े
कुछ बातें, कुछ कहानी
गार्डन, पेड़, फूल, झूला
मंदिर, मैदान, खेत-खलिहान

और न जाने क्या-क्या
मैं देख रहा था
विभिन्न रूप
एक श्वेत पट में
और सोचता रहा
सादगी के पीछे भी
कितने छिपे चेहरे रहते हैं

ज़रूरत है तो सिर्फ़ समझने की
वरना, हम जिसे महज़ श्वेत पट समझते हैं
वस्तुत: वह भरा होता है
विविध संभावनाओं से

ये विचारों पर निर्भर करता है
कि हम उसे क्या रूप या नाम देते हैं
इससे पहले कि अंदर का आक्रोश
किन्हीं अवांछित चेहरों को साकार कर दे

मेरी नज़रों में उभर आता
उन मासूम बच्चों का चेहरा
जिनके हाथों में किताब है

जिनके शरीर पर है एनसीसी की वर्दी
या स्कूल का ड्रेस
कुछ जमे से, कुछ बिखरे, कुछ के घुँघराले बाल
कुछ तीखे, कुछ मोटे
नैन-नक़्श
और उनके मुस्कुराते होंठ

जैसे कह रहे हों
क्या हुआ जो मेरे चारों ओर
अवांछित चेहरे हैं

ये सारे चेहरे
मेरे अपने हो जाते हैं
जब मैं अपनी मुस्कराहटों में
इन चेहरों की हक़ीक़त छिपा लेता हूँ
मेरी मुस्कुराहट सार्थक हो जाती है

और मैं भी
सारे अवांछित चेहरों को छोड़
उस संभावनाओं से भरी
मुस्कान में खो जाता हूँ
जो निश्छल और मासूम है
जिनके लिए लगा है
ये नया व्हाइट बोर्ड
जिसे भरना है उन संभावनाओं से
जिसके वे हक़दार हैं।

❖

टाट-पट्टी

तुम दिख जाती हो कभी-कभी

अकसर थोड़ी उलझी-सी और मुड़ी हुई

शायद वर्षों से नहीं किया है श्रृंगार तुमने

शायद ख़ुद को धोया भी नहीं तुमने

मानो तुम ऐसे ही रहना चाहती हो

अतीत की यादों को लपेटे हुए

और ख़ुद से लिपटी हुई

मुझे याद है तुम्हारी गोद पर बैठकर

हम घंटों सीखा करते थे पाठ

और खेला करते थे

तुम्हें देखकर

कुछ बिछड़े, कुछ भूले यार भी याद आ जाते हैं

जब सभी आपस में तुम्हारी गोद में बैठकर

बाँटकर खाया करते थे रोटियाँ

जो माँ बनाकर डब्बों में रख दिया करती थी

उन क्षणों में माँ की गोद की कमी

या घर पर छूटे भाई की कमी

तुम महसूस नहीं होने देती थी

और सभी को बिना भेदभाव अपने आँचल में स्थान देती थी

हाँ, बिलकुल मेरी माँ की तरह

तुम सभी को सिखाती थी

एकरूपता की सीख

और हमेशा सीधे रहकर चलना
और एक लाइन में रहकर अनुशासन का पालन करना

तुम ये सीख देती थी
कि ज्ञान झुककर और नीचे बैठकर ही मिल सकता है
और इस प्रकार हम
अपने गुरुजनों से नीचे बैठकर
ज्ञान रूपी प्रवाहित शिक्षा की धारा का पान कर सकते थे
और सीखते थे गुरु का सम्मान करना

क्योंकि बहने वाली धारा
ऊपर से नीचे की ओर
ज़्यादा प्रवाह से बहती है
बराबर बैठने की तुलना में।

❖

वो पुरानी बेंच

उस पुरानी बेंच पर बैठकर
अजीब-सा सुकून मिला आज
जिसे क़बाड़ के कमरे में रखा देखा मैंने

जिसकी सतह पर आज भी खुदे हुए थे
वो नाम हम सबके
जो हम सभी दोस्तों ने मिलकर लिखा था
अपने स्कूल के दिनों में

मेरे वो सारे दोस्त
जो आज बिखर गए हैं
अपने-अपने जीवन के संघर्षों में
और हो गए हैं एक-दूसरे से दूर

आज वर्षों बाद
उस बेंच पर बैठकर ऐसा लगा
मानो वो सारे दोस्त मेरे साथ बैठे हों

स्कूल की वो सारी यादें
फिर से ताज़ा हो गईं आज

मेरे छात्रों से
उस बेंच को निकलवाकर क्लास में रखवाया
और उसकी मरम्मत करवाया

एक अजीब-सा मोह जान पड़ता है
उस टूटे हुए पुराने बेंच से
क्योंकि कुछ बचे हुए पुराने निशान ही रह गए हैं
उन पुरानी यादों की तरह
उन पुराने दिनों की तरह
जो कहीं रह गए हैं यादों के पिटारे में बंद
दिल के किसी कोने में

जो कभी-कभी देते हैं दस्तक
जब टकरा जाता हूँ
उनसे जुड़ी किन्हीं चीज़ों से
जब हो जाती है भेंट
उनसे मिलती-जुलती घटनाओं से
जब कोई बजा जाता है घंटियाँ
बजा जाता है यादों का डोर बेल
उन बंद दरवाज़ों के पार
पुरानी और भूली-बिसरी यादें।

शिक्षक सूची पटल

अकसर नज़र पड़ ही जाती है तुम पर
जब कभी भी तुम्हारे पास से गुज़रता हूँ
और फिर हमेशा की तरह रुक जाता हूँ
कुछ पल के लिए तुम्हारे पास ठहर-सा जाता हूँ
एक अजीब-सी ख़ुशी
और शायद ग़म भी महसूस होता है
तुम्हें देखकर

और फिर उन्हीं नामों को
जिन्हें कई-कई बार पढ़कर दोहरा चुका होता हूँ
फिर से पढ़कर दोहराता हूँ

और सच कहूँ तो
कहीं-न-कहीं एक सुकून-सा भी महसूस होता है
तुम्हें देखकर

कुछ बीते पल
कुछ भूले हुए लोग याद आ जाते हैं
जिनसे बहुत कुछ सीखा
जिन्होंने बहुत कुछ दिया इस प्रांगण को
जिनके हाथों की ख़ुशबू
आज भी यहाँ के फूलों में महकती है
जिनके आदर्श
आज भी यहाँ की उपलब्धियों में दिखते हैं

जिनकी कहानी
आज भी यहाँ की दीवारें कहती हैं
और शायद जिनको
वो सारे लोग कभी नहीं भुला सकते
जिन्हें उन्होंने जीवन की राह बताई
जिन्होंने बताया कि कैसे जीवन जीना है
जिन्होंने सिखलाया
कि सिर्फ़ किताबों के प्रश्न हल करना ही नहीं
अपितु जीवन में आने वाली समस्याओं को सुलझाना ही
शिक्षा का सार है

जिन्होंने इस राजिम की धरा
और यहाँ के लोगों में
शिक्षा की अलख जगाई
न जाने कितने लोगों को जीवन की राह बताई
न जाने कितने डॉक्टर, इंजीनियर, वैज्ञानिक
व्यापारी, जनप्रतिनिधि और तमाम क़ाबिल लोगों को
क़ाबिल बनाया
उन सभी गुरुजनों के नाम अंकित हैं
तुम्हारे पटल पर
जिसे जब भी पढ़ता हूँ
तो एक ऊर्जा-सी महसूस होती है अपने अंदर
और सर श्रद्धा से झुक-सा जाता है
तुम्हारे सामने।

❖

स्थानांतरण

ऐसे तो शासकीय सेवा के दौरान
यह एक सामान्य प्रक्रिया ही है
हर शासकीय सेवक के जीवन काल में
एक बार अवश्य आ ही जाता है

बहुत कम लोग ही होते हैं
जो एक ही जगह पर पदस्थ होते हुए
वहीं से सेवानिवृत्त होते हों

किंतु एक सामान्य-सी प्रकिया होते हुए भी
कभी-कभी बन जाता है मार्मिक स्थिति
क्योंकि एक स्थान में कर्म करते हुए
आपका वहाँ एक रिश्ता-सा बन जाता है
जो प्रोफ़ेशनल होते हुए भी
कहीं-न-कहीं होता है इमोशनल

क्योंकि आख़िर शासकीय कर्मचारी भी
एक इंसान होता है
और होता है उसके सीने में भी हृदय
जो होता है प्रभावित
अपने आस-पास के लोगों से
वातावरण से
और वहाँ की परंपराओं से

जुड़-सा जाता है
अपनेपन के एहसासों से
भूल नही पाता है
साथ गुज़रे वो पल
जो एक टीम की तरह
कार्य करते हुए गुज़ारे थे

एक शिक्षक के रूप में मैंने देखा -
यदि आप करते हैं
पूरी निष्ठा और ईमानदारी के साथ काम
यदि आप रखते हैं लगन, जोश और निरंतरता
यदि आप विद्यालय को ही अपना परिवार मानकर
ज़िम्मेदारी से पूरा करते है अपने दायित्वों को
और छात्रों को सिर्फ़ छात्र न मानकर
उन्हें मानते हैं एक दोस्त, एक साथी

गुरु, संरक्षक और उनका मार्गदर्शक बनकर
निभाते हैं अपना फ़र्ज़
तो आपका स्थानंतरण हो जाने के बाद भी
उस विद्यालय में
कम नहीं होती आपकी महत्ता

आप किए जाते हैं हमेशा ही याद
और रखा जाता है
आपके सम्मान और स्मरण को हमेशा ताज़ा

और यही तो होती है
एक शिक्षक की दौलत
उसकी जीवन भर की कमाई गई पूँजी
एक ऐसी पूँजी
जो कभी ख़त्म नहीं होती
चाहे वह कहीं भी रहे

और जो रहती है चिरकाल तक
शासकीय सेवा में स्थानांतरण हो जाने पर
विदाई के बाद भी
और इस नश्वर सृष्टि से
स्थानांतरण हो जाने के बाद भी।

❖

देवकर

तुमसे ही ये सफ़र शुरू हुआ था
और तब मुझे नहीं पता था
कि ये किस मोड़ पर जाएगा

मुझे याद है
आज भी वो पहली मुलाक़ात
जब पहली बार मैं तुमसे मिला था

तब मुझे नहीं मालूम था
कि ये मुलाक़ात
मेरे जीवन के सुनहरे पलों में से एक होगा

हाँ, मुझे ख़ुशी बहुत थी
कि मेरे जीवन के टेढ़े-मेढ़े रास्तों का
अब तक का सफ़र ख़त्म होने जा रहा था

और मैं यह भी जानता था
कि तुम वो पहली मंज़िल हो
जो मुझे मुझसे होकर मुझ तक ले जाओगी

क्योंकि तुमसे मिलने से पहले
मैं बस दौड़ रहा था पैसे कमाने के लिए
और चाहकर भी अपने लिए
अपनों के लिए कुछ नहीं कर पा रहा था

मेरे अपने लोग
मेरा गाँव, मेरी प्यारी पाठशाला तक पहुँचने का
तुम ही एकमात्र उम्मीद थी

इसलिए मैंने बिना एक पल गँवाए
तुम्हारी धरा के कन्या विद्यालय से
शिक्षकीय जीवन की शुरुआत की

आज एक दशक पश्चात् भी
ऐसा लगता है
जैसे कल की ही बात हो

और जैसे धीरे से किसी चलचित्र की तरह
सभी यादें नज़रों के सामने आती हैं।

❖

शिक्षक 1

यूँ तो हमेशा से ही उन्हें ख़ुश-मिज़ाज ही देखा
जब से उन्हें जानता हूँ
विद्यालय के प्रति
उनका समर्पण और कर्तव्य-निष्ठा भरपूर थी

अपनी उम्र में अधिक होते हुए भी
ग़ज़ब की फुर्ती और क्षमता उनके अंदर समाहित थी
और विद्यालय में हमेशा उन्हें
इधर से उधर चलते ही देखा जाता था
वे बैठते बहुत कम ही थे
सुबह से लेकर विद्यालय समय के बाद भी
वहाँ रहकर अन्य कामों को निपटाना
उनकी रोज़ की दिनचर्या में ही शामिल था
और शायद उन्हें इसमें मज़ा भी आता था

घर और परिवार से उन्हें कुछ ताने भी मिला करते थे
जिसका कभी-कभी वे हमसे ज़िक्र भी करते थे

ऐसे तो हर शिक्षक में
कोई-न-कोई विशेष गुण होता ही है
जिसके लिए उन्हें
उनके छात्र या साथीगण हमेशा याद करते हैं

ऐसे ही
बागवानी का बड़ा शौक़ था उन्हें

पेड़-पौधों को लगाते
उनकी देख-भाल करते
और पानी आदि देते
देखता था उन्हें

समय परिवर्तनशील होता है
एक शासकीय सेवक
अपने जीवन का बहुत बड़ा भाग
अपने कार्यस्थल पर बिताता है

और जब उसे वह छोड़कर जाता है
तो रह जाती हैं
सिर्फ़ यादें और स्मृति शेष

अपनी सेवानिवृत्ति के बाद
उन्हें कभी विद्यालय में आते नहीं देखा
और अजीब-सा मौन ने उन्हें जकड़ लिया

एक-दो मुलाक़ातों के दरमियान भी
उनके मुख से ज़्यादा बातें नहीं सुना
वो चेहरा, जो हँसता रहता या बोलता रहता था कभी
उसमें अजीब-सी थकान, निराशा
या कोई मौन पीड़ा की झलक देखा
मानो कोई कुछ कहना चाहता हो
लेकिन उसके पास शायद शब्द न हो
और फिर धीरे से
मुलाक़ातों का दौर भी हो गया ख़त्म

और सिर्फ़ अब उनकी यादें हैं
नज़रों के आगे अकसर झूलता
उनका मौन और चुप-सा चेहरा
जो शायद अभिव्यक्ति की चाह में
घुट रहा हो धीरे-धीरे
और जिसे शायद उनके परिवारजन
उनकी कोई मानसिक बीमारी समझ रहे हों
या उनकी कोई कमज़ोरी
जो उम्र के साथ उनके स्वभाव में आ गई हो

हाँ, लेकिन आज भी उनके रोपे गए पौधे
लहरा रहे हैं स्कूल के परिसर में
और उन पौधों की पत्तियों में
कभी-कभी उनकी उँगलियों की छुअन की छाप
दिख-सी जाती है

बिछड़े हुए साथी
कुछ शिक्षक
कुछ विद्यार्थी
दे जाते हैं अपनी
कुछ कभी न भूलने वाली
यादें।

❖

गुरु

यूँ तो बच्चे की प्रथम गुरु माँ ही होती है
बच्चा, माँ की कोख से ही सीखना प्रारंभ करता है
अपने अस्तित्व का बोध करता है
और महसूस करता है
अपनी साँसों के कंपन और जीवन के अंकुरण को
महसूस करता है
अपने पल्लवन की प्रकिया को
करता है संघर्ष
और पाता है जीवन

माँ के गर्भरूपी विद्यालय में
उसका होता है प्रशिक्षण
और सीखता है वो प्रकृति की तरह ही
जैसे प्रकृति सिखाती है
प्रत्येक जीव को जीने की कला

वह सृष्टि में
अपने अस्तित्व को साकार करता है
जैसे अभिमन्यु ने माँ के गर्भ में ही सीखा था
चक्रव्यूह को भेदना
तब उसका गर्भ ही था
विद्यालय रूपी प्रशिक्षण केंद्र
जो नियति द्वारा था निर्धारित

सृष्टि पर पदार्पण के पश्चात्
पुनः सीखता है
माँ के अमृत का रसपान करना
तब उसकी गुरु होती है
माँ और प्रकृति

माँ और प्रकृति के आँचल में खेलता
सीखता, बढ़ता चलता अपने क़दमों पर
गिरता, सँभलता, होता खड़ा
जानता रिश्तों को
समझता भावों को
करता अभिनय या नक़ल

और सीखता शब्दों को
जिसका पहला शब्द
शायद माँ या पिता का संबोधन
या कुछ और भी
तब माता-पिता ही होते हैं
उसके लौकिक संसार में गुरु
और परिवार ही होता है
उसकी पहली पाठशाला

जहाँ वो जानता-समझता प्रेम, लाड़, दुलार
और कभी-कभी डाँट-फटकार से अच्छी-बुरी चीज़ों को
और अपने संस्कृति, समाज और संस्कारों की शिक्षा को
तब जननी और जनक ही होते हैं उसके गुरु

विद्यालय में पहला क़दम जब रखता है
तो शिक्षक ही बन जाते हैं
उसके माता-पिता
मित्र और भाई की तरह ही गुरु
ताकि वह सीख सके अक्षर ज्ञान
और विषय, भाषाओं की अभिव्यक्ति की शिक्षा

वर्तमान परिदृश्य में
केवल अक्षर ज्ञान देते गुरु कहलाने लगे हैं शिक्षक
जहाँ शिक्षा एक व्यवसाय बन गई है
और शिक्षक व्यवसायी की तरह ही दे रहे सेवा
अब कोई गुरु नहीं रहे
मानो जैसे गुरुता अस्तित्वहीन हो गई हो

वर्तमान समाज में
व्यापार होकर रह गई है शिक्षा
और छात्र व शिक्षक का रिश्ता
कर रहे लोग सिर्फ़ नौकरियाँ
और बचा रहे अपना घटता सम्मान
और गुरु की घटती महत्ता

अब नहीं दिखते
कृष्ण-सा गीता ज्ञान देने वाले सच्चे गुरु
जो दिखाए रास्ता अपने शिष्यों को
जीवन के कंटक पथ पर चलने का
सदैव कर्मशील रहने का

नहीं होती बातें अब
न्याय, नैतिकता, धर्म, राष्ट्र और विश्व कल्याण की
नहीं दिखाता कोई उस अमर पथ का रास्ता
जो उन्हें ले जाए हताशा और कुंठा के पार
और करे कर्म पथ पर चलने को मार्ग प्रशस्त

क़लम पकड़ाकर उन्हें
जीवन के कुरुक्षेत्र में
न्याय और धर्म के पथ पर लड़ने का
नहीं देता कोई संदेश
मानो शिक्षा का उद्देश्य
सिर्फ़ मशीनी मानव बनाना रह गया हो
जो अर्थ उपार्जन हेतु कोई भी मार्ग पर चला जाए

ऐसा नहीं है कि नहीं हैं आज कोई गुरु
जो कर रहे हैं निःस्वार्थ से परिपूर्ण होकर अपना काम
और दिखा रहे हैं
जनहित, समाज हित, राष्ट्रहित
और विश्व कल्याण का पथ

कर रहे हैं जागृत
और जागरूक नागरिक का निर्माण
जिनके हृदय में हो
इंसानियत, दया, करुणा, प्रेम
सहयोग, भाईचारा, सौहार्द
नीति, न्याय, नैतिकता की शिक्षा

आज ज़रूरत है
शिक्षक से पुनः गुरु बन जाने की
भारत की संस्कृति, सभ्यता को बचाने की
शिक्षा की अलख जगाने की
और गुरु की महिमा को बढ़ाने की
नर से नारायण बनाने की।

❖

बुनियाद : नैतिक शिक्षा

जीवन में सदा
बता देती है इंसान की प्रवृत्ति
क्या है उसकी परवरिश
और परिवेश की बुनियाद

अहम कारक होता है
गीली मिट्टी में
संस्कारों के कैसे बीज बोए गए हैं
और डाली गई है कैसी संस्कृति की खाद

वर्तमान माहौल है
खोते जीवन मूल्यों का
असामाजिक आचरणों का

मुख्य दायित्व है आज
परिवेश और परवरिश में
खोते-भूलते संस्कारों का

ठहरिए, सोचिए ज़रा
हमारी भटकी दिशाओं की
यथेष्ठ मंज़िल है भी या नहीं
भविष्य का सुनहरा स्वप्न
किस तरह साकार करेगी
वर्तमान की जर्जर बुनियाद

इसलिए होना बहुत ज़रूरी है
नैतिक शिक्षा का पाठ्यक्रम में
क्योंकि जीवन के उतार-चढ़ाव से भरे रास्तों में
यही करती है क़दम मज़बूत
ताकि सँभलकर चल सकें पथिक

बाक़ी की शिक्षाओं में भले ही
आप कमज़ोर हो जाएँ
लेकिन नैतिक शिक्षा होनी चाहिए
अच्छी और मज़बूत

क्योंकि नैतिकता ही
इंसान को इंसान बनाती है
और शिक्षा का मूल भी तो यही है :
इस हाड़-मांस के जीव को प्राप्त बुद्धि में
ज्ञान से सुबुद्धि का उन्नयन करना
ताकि जानवर और इंसान में फ़र्क़ हो
क्योंकि बिना नैतिकता के इंसान
इंसान न होकर जानवर ही होता है

और इसके लिए छात्रों में
घर के बाद
विद्यालय ही खड़ा करता है
उनकी बुनियाद
जिसमें एक शिक्षक की
होती है भूमिका अहम

शिक्षक को ही तैयार करनी पड़ती है
उसकी नींव
और वही नींव बनाती है
इमारत को मज़बूत
ताकि जीवन के आने वाले तूफ़ानों में भी
वह न बहे और रहे अडिग और स्थिर
ताकि उसे कोई लालच रूपी हवा न उड़ा ले जाए
ताकि कोई अनैतिकता का भूकंप हिला न सके

और न कर दे जर्जर
उसके सम्मान की ऊँचाइयों को
ताकि हर परिस्थिति में वह रहे मिसाल
एक मज़बूत बुनियाद की।

❖

सहकर्मी

हो सकता है हम लोग भिन्न हों
और हममें मतभेद भी हो
लेकिन मनभेद नहीं होना चाहिए
क्यूँकि अगर देखा जाएँ
तो हम एक परिवार ही तो हैं

और हाँ, हमारी ख़ासियत ये है
कि वर्तमान की तरह एकल न होकर
संयुक्त परिवार के दायरे में आने की संभावना ज़्यादा है
और शायद इसीलिए विभिन्न मंचों पर
हमारे लिए संबोधन
शाला परिवार कहकर किया जाता है

तो जिस प्रकार एक परिवार
मतभेदों के बावजूद
किसी परिवार हित कार्य में
एकजुट होकर अपना योगदान देता है
ठीक उसी तरह ही
हमें अपना श्रेष्ठ देना है
अपने विद्यालय के लिए

हाँ, मानता हूँ कि समस्याएँ बहुत हैं
लेकिन अगर परस्पर सहयोग बना रहे
तो कुछ भी हो सकता है

मेरा और आपका
सकारात्मक होना बहुत आवश्यक है
क्यूँकि हम एक गाड़ी के अलग-अलग पहिए हैं
इसलिए एक दिशा में
सामूहिक रूप से चलने पर ही
हम मंज़िल तक पहुँच सकते हैं

हाँ, कुछ शिकायतें हो सकती हैं आपस में
लेकिन वार्तालाप बंद नहीं होना चाहिए
क्यूँकि हमारे कंधों पर
उन कोंपलों की जवाबदारी है
जिन्हें कल फूल बनकर महकना है
राष्ट्र की बग़िया में

हाँ, हम बाग़ के माली हैं
हमें अपने पौधों से
कुसंस्कार के खरपतवार को हटाकर
शिक्षा और संस्कार के पेड़ लगाने हैं।

❖

शिक्षा रथ

एक युद्ध इधर भी जारी है
और तब तक चलता रहेगा
जब तक कि अशिक्षा के अंधकार का
एक-एक दानव मिट नहीं जाता

और शिक्षा की यह मशाल
जो हमने जलाया है
इसकी ज्योति से
सारे विश्व को प्रकाशमय हो जाना है

हाँ, एक युद्ध इधर भी जारी है
जहाँ अशिक्षा, द्वेष, कुसंस्कार
अनैतिकता, हिंसा, भ्रष्टाचार जैसे
शत्रुओं की कौरव सेना है
जिसके साथ एक महाभारत जारी है

हमें अर्जुन तैयार करना है
और उन्हें शिक्षा, सत्य, संस्कार
देश-प्रेम, ईमानदारी, अहिंसा के रथ पर सवार करना है
ताकि भारतवर्ष में न्याय की स्थापना हो सके

किंतु ध्यान रहे
हमें द्रोण की तरह भेदभाव नहीं करना है
इस बार किसी एकलव्य का अँगूठा नहीं कटना चाहिए

हमें रोकना है पीढ़ियों को
दुर्योधन और दुशासन बनने से

और सचेत करना है समाज को
कि धृतराष्ट्र-सा पुत्र मोह नहीं करना है
और न ही अपनी संतान को अश्वत्थामा बनने देना है

तो कर लो फिर भीष्म-सी प्रतिज्ञा
कि चाहे जो हो जाए
किंतु राष्ट्र की रक्षा हेतु
हम हमेशा तैयार रहेंगे
और शिक्षा रथ के पहिए कभी नहीं थमेंगे

ताकि देश के अंदर चाल चल रहे
शकुनियों को हम पहचान सकें
ताकि अपनी संततियों को संभावित द्यूत-क्रीड़ा करने ही न दें
ताकि फिर कहीं द्रौपदी का अपमान न हो
ताकि फिर भाई-भाई में बैर और झगड़ा न हो
ताकि फिर भाई
भाई का लहू न पिए

ताकि किसी बच्चे की कोख में ही हत्या न हो
ताकि फिर कोई जीवन शापित न हो
इसलिए आओ
हम सब मिलकर
इन बुराइयों के विरुद्ध युद्ध जारी रखें

और कृष्ण बनकर
शिक्षा की ऐसी बाँसुरी बजाएँ
कि हर एक बच्चा गीता के मर्म को
और अपने कर्म को समझ सके

ताकि हर बच्चा अर्जुन बनकर
जीवन के महाभारत में इन बुराइयों का अंत कर सके
ताकि धर्म की विजय हो सके
न्याय की स्थापना हो सके।

❖

कुर्सी 1

उस कुर्सी पर बैठा वो व्यक्ति
जिसे हम कभी भैया
या फिर उसके नाम से बुलाते हैं

जो दौड़-दौड़कर सभी का काम करता है
जिसे अपनी ज़िम्मेदारियों का एहसास है
जो हमसे पहले ही आ जाता है
और उसी के हाथों से खुलता है
हमारी कर्मभूमि का दरवाज़ा

आते ही सबसे पहले
होते हैं उसके अहम कार्य
कमरे के खिड़की-दरवाज़ों को खोलना
साफ़-सफ़ाई पर ध्यान देना
और समय पर घंटी बजाना

वो बजाता है घंटी हम सभी के लिए
और घंटी बजने पर खुद भी दौड़ा चला आता है
कभी प्रिंसिपल रूम
और कभी स्टाफ़ रूम
जो बिना रुके, बिना थके
स्कूल खुलने से लेकर बंद होने तक
रहता है तैनात एक सिपाही की तरह

और सच कहूँ तो वो एक सिपाही ही है
जिसके कंधों पर
महत्वपूर्ण जवाबदारियाँ तो नहीं होतीं
लेकिन उसके बिना
जवाबदारियाँ पूरी भी नहीं हो सकतीं

हमने देखा है उसे
कभी ख़ाकी और कभी सफ़ेद ड्रेस में
जो रहता है हमेशा से तैनात दरवाज़ों पर
जिसे हर महत्वपूर्ण फ़ाइल को
पहुँचाना रहता है संबंधित व्यक्ति तक

जिसे हर घंटे बदलने वाले कालखंडों का
रखना होता है ध्यान
जिसे करना होता है गार्डन की देख-भाल
जो बैंकों के सारे काम निपटाता है
जो सूचनाओं को हम तक पहुँचाता है
और जो हमें चाय-पानी भी पिलाता है
जो रखता है ध्यान एक-एक शिक्षक की ज़रूरतों का
जो चाहता है थोड़ा-सा सम्मान अपने हक़ का

और जो हँसते-हँसते कर देता है
न जाने कितने ही काम हमारे
और कभी-कभी तो ऐसे काम भी
जो हमारे निजी होते हैं

जिसे करना उसका दायित्व या ज़िम्मेदारी नहीं होती
लेकिन चेहरे पर मुस्कान लिए
और कभी नहीं न कहने वाला वह व्यक्ति
कर देता है हमारे काम

शिक्षा के मंदिर का
सबसे बड़ा सेवक वही होता है
पुजारी भी वही और भक्त भी वही
और शायद भगवान भी वही
क्यूँकि उसके कंधों पर हैं
हमारे शिक्षा मंदिर की सारी जवाबदारियाँ

उसका नाम, किरदार और वह व्यक्ति स्वयं
बदलता रहता है
लेकिन नहीं बदलते हैं
उसके दायित्व, कर्तव्य और ज़िम्मेदारियाँ

जिसे विभिन्न नामों से जाना जाता है
प्यून, भृत्य, चपरासी
जिसे हम उसके नाम से
या नाम के पीछे भैया लगाकर
करते हैं संबोधित।

❖

कुर्सी 2

बड़ी ही अजीब चीज़ है ये
इस पर बैठते ही इंसान बदल-सा जाता है
आ जाती हैं उसमें कुछ ज़िम्मेदारियाँ
कुछ दायित्वों और कुछ कर्तव्यों का बोझ
जिसको ढोते-ढोते ही जीवन बीत-सा जाता है

लेकिन एक सुकून-सा हृदय में हमेशा रहता है
कि हमने अपनी ज़िम्मेदारियाँ और कर्तव्यों को अच्छे से निभाया
कभी भी कोई ग़लत या अनैतिक कार्य नहीं किया
और न ही कभी आदर्शों से समझौता किया

कुर्सी पर बैठा हरेक व्यक्ति कुर्सी के हिसाब से
निभाता है अपना किरदार
बदलते रहते हैं व्यक्ति और किरदार
नहीं बदलती है कुर्सी

हर किसी का अलग-अलग नज़रिया होता है
कुर्सी को देखने का
और हर कोई अलग-अलग तरीक़े से निभाता है
अपना किरदार

कुछ मर्यादाओं में बाँधकर रखती है कुर्सी
और जो उन मर्यादाओं को तोड़ता है
वो उस कुर्सी के लायक़ होता ही नहीं है

वर्तमान में
मर्यादाओं की परिभाषा भी बदल-सी गई है
और मानो
कुछ लोग उस पर अपना अधिकार समझते हैं

कुर्सी
योग्यता के पैमाने पर
खरा उतरने वाले को ही मिलनी चाहिए
लेकिन आज
योग्यता के मानदंडों को ही बदल दिया गया है।

❖

स्कूल की यह पुरानी दीवार

स्कूल की यह पुरानी दीवार
उतनी ही पुरानी है
जितनी की मेरी कहानी है

न जाने कितने रंगों से रँगी गई
न जाने कितने नाम
इस पर उकेरे गए नन्हे हाथों से
और न जाने कितनी ही मर्तबा
लिखे गए कुछ संदेश
बनाए गए कुछ कार्टून
कुछ और भी कई बार

न जाने कब से खड़ी है
चुपचाप अपनी जगह पर
और न जाने कितने ही चेहरे
देख लिए हैं इसने

न जाने कितने ही पौधों को
इसने पेड़ बनते देखा है
न जाने कितने ही फूलों को
इसने खिलते देखा है

न जाने कितनी ही यादें
अपने दामन में समेटी हुई है

न जाने कितनों ने ही
इस पर सिर टिकाकर आराम भी किया है

न जाने कितनी ही बार
ये बनी है क्रिकेट खेलते बच्चों का स्टंप
और न जाने कितनों के लिए
साइकिल टिकाने की जगह

जैसे एक बूढ़े के जीवन में
यादों की परत जमी होती है
न जाने कितनी परतें
जम चुकी हैं इसके आवरण पर

कितने ही पक्षियों ने
घोंसला बनाया है इसकी दरारों पर
कितनी बार
बंदरों की उछल-कूद का ज़रिया बनी है

न जाने क्यूँ इस टूटती दीवार को देखकर
दर्द महसूस होता है
न जाने इस दीवार के संग
ऐसा कौन सा रिश्ता है

न जाने क्यों दिल चाहता है
इसे समेट लूँ अपनी बाँहों में

और दूँ दिलासा और कहूँ –
वक़्त बदलता है मेरे दोस्त

परिवर्तन ही संसार का नियम है

वक़्त आ गया है

अब तुम भी परिवर्तित हो जाओ

एक नए कलेवर लिए

एक नए अंदाज़ में नए एहसासों के साथ

एक बार फिर से रचने नया एहसास

एक बार फिर से संजोने यादों का पिटारा

एक बार फिर से नन्हे बच्चों के झाँकने के झरोखों के लिए

एक बार फिर से पक्षियों के घोंसलों के लिए

एक बार फिर से कोई सिर टिका सके तुम पर

एक बार फिर से साइकिल रख सकें तुमसे सटाकर

एक बार फिर से बंदर उछल-कूद कर लें तुम्हारे सहारे

एक बार फिर से तुम मज़बूत होकर

करो रखवाली जिसकी तुम ही पहरेदार हो

एक बार फिर से तुम्हारे हाथ हो जाएँ मज़बूत

और तुम घेर लो उसे अपनी बाँहों में

जिससे तुम्हें प्यार है

जिसके लिए तुम खड़ी हो वर्षों से

जिसके साथ जिया है तुमने वर्षों से

जिससे एक पल भी जुदा तुम न हो पाई

जिसकी सुरक्षा ही तुम्हारे जीवन का लक्ष्य रहा

जिसके बिना तुम अधूरी हो

और तुम्हारे बिना यह

हाँ यही, हमारा प्यारा स्कूल।

प्रयोगशाला

अब पुरानी हो चुकी हैं दीवारें उसकी
न जाने कितनी यादों की परतें जमी हैं
उन दीवारों पर जमीं चूने की परतों की तरह

न जाने कितने ही भूली-बिसरी पुरानी घटनाएँ निहारती हैं
उन टूटी हुई खिड़कियों से
उन टूटे हुए काँच के टुकड़ों के बीच से
आज भी वहाँ जाने पर एक ख़ुशी महसूस होती है
ऐसा लगता है मानो
फिर वहीं उस कक्ष में आकर खड़ा हो गया हूँ
जिसमें सफ़ेद शर्ट और ख़ाकी पैंट पहने हुए
बड़ी उत्सुकता से प्रवेश करते थे
बिना आज्ञा के तो अंदर घुस ही नहीं पाते थे
और अंदर घुसते ही दीवार पर टँगा वह नर-कंकाल -
ऐसा लगता था मानो हमें ही देख रहा है

और उन छोटे-छोटे काँच के डिब्बानुमा बर्तनों में
रखे जीवों को देखकर लगता था कि जैसे वे जीवित हों
और सच कहूँ
तो उनको देखकर भी डर-सा लग जाता था

जिज्ञासा खींच ले जाती थी हमें वहाँ
आज उसी कमरे में जाता हूँ
तो एक कसक-सी चुभ जाती है सीने में

क्यूँकि पुराने दिन

और बीता हुआ वक़्त लौटकर नहीं आ सकता

हम सिर्फ़ उसकी यादों को जी सकते हैं

उस समय में स्कूल का हरेक कर्मचारी

सर और मैडम हुआ करता था

लैब अटेंडेंट या प्रयोगशाला सहायक

तो अब जाकर मालूम हुआ

और साल में दो-चार बार ही

उस विशेष कक्ष में प्रवेश मिलता था

बाक़ी दिनों में सिर्फ़ झाँकने से ही काम चलाना पड़ता था

अनुशासन से प्रवेश करना

और बिना अनुमति के किसी भी चीज़ को न छूना

सिर्फ़ कौतूहल से देखना

और जानने की कोशिश करना

पूछना, समझना और निर्देशों का पालन करना

बहुत कुछ सिखा गई वो प्रयोगशाला

जो देती है इस बात की गवाही

कि कितने क़रीने से सिखाया हमें हमारे शिक्षकों ने

और हमें पता ही नहीं चला

कि विद्यालय की प्रयोगशाला में

सिखाई गईं बातें और सीख

जीवन की प्रयोगशाला में

न जाने कब काम आने लगीं।

❖

दाख़िल-ख़ारिज पंजी

जानती हो तुम
तुम्हें सँभालना आसान नहीं है

क्योंकि जब से तुम मिली हो
बस अपनों से बिछड़ने का एहसास ज़्यादा हो रहा
ऐसा नहीं था कि पहले लोग बिछड़ते नहीं थे
लेकिन तुम्हारे साथ रहकर
हर बार अपने हाथों से ही
अपने बच्चों को जैसे जाने का पर्चा थमा दिया

हाँ मानता हूँ
इसमें उनका ही भला होता है
और ये भी मानता हूँ
उनका जाना भी उतना ही ज़रूरी होता है
जितना कि यहाँ उनका अब तक ठहरे रहना

लेकिन क्या वर्षों तक यूँ रोज़ उनसे मिलना
उनके साथ पढ़ना-लिखना, हँसना-खेलना
और उसके बाद यूँ
उनसे शायद हमेशा के लिए बिछड़ जाना
दर्द नहीं देता

क्या तुम्हें दर्द नहीं होता
उन्हें ऐसे जाते हुए देखते

हाँ ये मानता हूँ
तुम उनकी यादों को वर्षों तक सँभालकर रखती हो
लेकिन जब भी तुम्हारे पन्नों को पलटता हूँ
तो क्या मेरी तरह
तुम्हारे हृदय में भी कसक होती है

ये भी सही है कि वे जाते हैं
और नए साथी
फिर तुम्हारे पटल पर अंकित हो जाते हैं
और ये सालों से चला आ रहा है
जब से तुम हो

तुम हमेशा की तरह स्थिर रहती हो
और बिना विचलन के
जाने वालों की विदाई की तिथि
और नव आगंतुकों के स्वागत की तिथि
अपने हृदय में अंकित कर लेती हो

और इस प्रकार हमें सिखाती हो
परिवर्तन ही संसार का नियम है
और जो आया है
उसे एक दिन बिछड़ जाना है।

❖

घटती दर्ज संख्या

वर्षों से अंतस में पीड़ा रही
रहा हमेशा यही हाल
ऐसा क्यों हो रहा
घटती दर्ज संख्या
साल-दर-साल

क्या कोई उपाय नहीं
या कोई उपचार
सोच-सोच मन व्यथित होता
रोता हृदय ज़ार-ज़ार

हो रही ग़लती कहाँ पर
कौन इसका गुनहगार
कैसी ये डूबती नैया
कौन बनेगा इसकी पतवार

किसको भेजी जाएँ पाती
किसको भेजें तार
किससे कही जाएँ ये बातें
क्या जनता या सरकार

क्या कहा जाए इसको
क्या किया जाए
किसकी है ये लाचारी
या प्रतिस्पर्धा की ललकार

कीं शिकायतें सबसे मैंने
और कोशिशें बार-बार
और कोई ख़्वाहिश नहीं
न कोई दरकार

बढ़े दर्ज संख्या छात्रों की
हो जाए हज़ार
बन जाए आदर्श विद्यालय
हो जाए सपना साकार।

बचाना होगा बचपन

न जाने कहाँ खोता जा रहा है बचपन
मासूम चेहरों पर पड़ती जा रहीं शिकन की लकीरें
उन आँखों की चमक भी कहीं खो-सी गई है
लगता है मानो कुछ सपने जो रात की नींद में थे आए
अधूरे ही रह गए और नींद खुल-सी गई हो

उदास और बेमन से आना, बस्ता बोझ समझा जाना
टीवी-मोबाइल के इस युग में, रात्रि जागरण करते बच्चे
खो रहे अपनी मासूमियत, वक़्त से पहले ही होते बड़े
और बढ़ता उनके अंदर का अहम् भाव
जिसे करता हूँ महसूस एक शिक्षक होते हुए

शिक्षक समाज की नींव बनाता है
और नींव की मज़बूती पर निर्भर करता है उस भवन का भविष्य
जो कि गढ़ा जाना है शिक्षक के ही हाथों से
क्या वर्तमान परिवेश में ये संभव हो पाएगा ?
क्या बच्चा अपना अहम् छोड़ विद्यालय आएगा ?

वो बनाते रेत के घरौंदे
वो खेलते पेड़ों की डगालों पर
वो झूलते टायर और रस्सी के बने झूलों से
वो भागते तितली और पक्षियों के पीछे बेतहाशा
वो दबाते पुस्तकों के बीच मोर-पंख

खेलते आपस में छुप्पम-छुपाई
नदी-पहाड़ या छू-छुअल के खेल
वो बाटी-भौंरा और गिल्ली-डंडा की आवाज़ें
जिनसे सारा विद्यालय गूँजता था

वो भाग-दौड़ और शरारतें
और उतना ही आदर गुरुजनों के आने पर
वो करते प्रणाम, चरण स्पर्श करके गुरुजनों को
वो दुकानों, बाज़ारों में शिक्षक के मिल जाने पर
लौट जाना दूर से ही देखकर
और बदल देना अपना रास्ता

वो डाँट खाकर भी
खुशी-खुशी होना शामिल हर गतिविधि में
वो स्वस्थ प्रतिस्पर्धा की भावना हृदय में
और सम्मान तथा अपनेपन से परिपूर्ण बचपन

वो निश्छलता, निष्कपटता के साथ
पवित्रता के रिश्ते
वो गुरु-शिष्य, छात्र-शिक्षक के हृदय-भाव
वो सम्मान, प्रेम, समर्पण की परिभाषा
वो उम्मीद, विश्वास और भविष्य की आशा
वो बजते घंटी के टन-टना-टन के स्वर
वो दीवारों से टकराती और गूँजती
खट्टी-मीठी सीख
डाँट-डपट और शिक्षक की आवाज़

वो गुम होता बचपन

बदलते हालातों से जूझता-सा बचपन

खोखले आदर्शों में घुटता-सा बचपन

जैसे अमीरी के अहंकार के बीच ग़रीबी-सा

अस्तित्व को तलाशता-सा बचपन

झूठ, फ़रेब, धोखा, अवसरवादिता के बीच

पिसता-सा बचपन

भ्रष्टाचार, अश्लीलता, नशे की लत के बीच

सहमता-सा बचपन

पिंजरे में बंद पक्षियों की तरह

उन्मुक्तता को तरसता-सा बचपन

बेरोज़गारी, भुखमरी, लाचारी के बीच

कसकता-सा बचपन

लौटाना है हमें हँसता, खेलता झूमता-सा बचपन

बनाना है हमें उम्मीद, आशा और विश्वास से भरा बचपन

जगाना है हमें ईमानदारी, पवित्रता, निश्छलता-सा बचपन

सजाना है हमें सपनों से भरा व्यक्तित्व से निखरा-सा बचपन

वसुंधरा की भी यही है पुकार

खिलता, मुस्कुराता, राष्ट्रवाद से भरा शौर्य-सा बचपन

निश्चित ही हमें बचाना होगा बचपन।

❖

मेन गेट

कभी किसी ने ग़ौर से देखा भी नहीं होगा तुमको

या हो सकता है किसी-किसी की नज़र

पड़ भी गई हो तुम पर

पर आज भी हर रोज़ मैं निहारता हूँ तुम्हें

बिलकुल उसी तरह ही

जैसे पहली बार तुमसे मिला था

और तुम्हें देखकर जो ख़ुशी हुई थी

उसे आज भी महसूस कर सकता हूँ

उन दिनों तुम्हारी चमक

दूर से ही नज़र आ जाया करती थी

मेरे जैसे न जाने कितने ही लोग

तुम्हें देखा करते थे

तुम बिलकुल सामने ही मिल जाते थे

जब भी विद्यालय में प्रवेश किया करते थे हम

तुम हमेशा अपनी बाँहों को पसारे

हमारा स्वागत करते थे

और आज भी हर आने वाले का

उसी अंदाज़ में करते हो स्वागत

हाँ, लेकिन तुम समय के बड़े पाबंद थे

और समय का पालन न करने वालों को

बाहर ही रोक दिया करते थे

तुमने हमेशा से ही हमको सिखाया
समय पर आना और जाना

तुमने न जाने कितनी ही बार रोका है
बाहरी तत्वों को प्रवेश करने से
चारदीवारी से घिरे विद्या के मंदिर में
प्रवेश करने का तुम ही तो एकमात्र ज़रिया हो

तुमसे होकर ही न जाने कितनों ने
बढ़ाया क़दम अपने भविष्य की ओर
और न जाने कितनों को ही देखा है तुमने
बचपन से जवान होते

तुमसे होकर ही गुज़रते आए हैं
शिक्षक और शिक्षार्थी दोनों ही
और जिसके अंदर प्रवेश करते ही शिक्षक और शिक्षार्थी
दोनों ही अपने-अपने दायित्वों में बँध जाते हैं

तुमसे निकलकर ही हज़ारों बच्चों ने
आसमान की ऊँचाइयों को छुआ है
तुम ही तो थे जिसने की है सुरक्षा
वर्षों से हमारे विद्यालय की
बनकर एक मर्यादा स्तंभ।

❖

प्रवेश उत्सव

बारिश की रिमझिम फुहारें
बादलों को चीर
बरस गईं धरा पर
प्रकृति में हरीतिमा लाने

संग ही उमंग से भरा मन
पूरा विद्यालय गूँजेगा
बच्चों की आवाज़ों से
महकेगा फिर से प्रांगण
उनकी प्यारी हँसी से
रोली-गुलाल लगाएँगे
प्रवेश उत्सव मनाएँगे

आज लंबे अंतराल के बाद
समय की टूटीं ज़ंजीरें
हर्षित होता बच्चों का मृदुल हृदय
नूतन उल्लास भर
चल पड़े स्कूल की ओर
उपहारों से स्वागत करेंगे
मुँह मीठा कराएँगे
प्रवेश उत्सव मनाएँगे

बंद घरों में सूखती सूनी आँखें हुईं तृप्त
खेती की हरियाली देखकर

नहीं चिंता रिमझिम बूँदों में भीगने की
केले के पत्तों से बनी छतरी
दोस्तों से मिलने की पुलक
नई कक्षा में पढ़ने की ललक
घर-घर से बुलाएँगे
सबको स्कूल लाएँगे
कापी-पुस्तक दिलाएँगे
प्रवेश उत्सव मनाएँगे

सारे अवरोध अब
किनारे हो गए
गई गर्मी, बारिश आई
भीगी धरती, भीगा मन
जागा जीवन, आया सावन
अधरों पर मुस्कान लिए
कुछ नई, कुछ पुरानी
पहचान लिए
स्वागत का सामान लिए
रास्तों पर पलकें बिछाएँगे
प्रवेश उत्सव मनाएँगे

खुल गए हैं फिर से
शिक्षा मंदिर के द्वार
कमरे के बंद पड़े दरवाज़े
फिर से खोल दिए गए हैं
और खोल दी गई हैं बंद पड़ी खिड़कियाँ
इंतज़ार में

नया सत्र
नया मौसम
नई शुरुआत
नई कक्षा
करेंगे स्वागत नन्हे मेहमानों का
आओ मिलकर सभी
फिर से एक बार
जन मन गण गाएँगे
प्रवेश उत्सव मनाएँगे।

❖

एक नई साइकिल

उन चेहरों की चमक
बढ़-सी जाती है
और ख़ुशियाँ आँखों से लगती हैं झाँकने

एक आत्मविश्वास-सा
नज़र आने लगता है उनमें
विद्यालय जाने की उनकी ललक बढ़-सी जाती है

और वे प्रतिदिन आने लगते हैं
समय पर पहुँच जाया करते हैं
अपने सपनों को पूरा करने का हौसला
उनके पैरों में
एक नई ऊर्जा का संचार करता प्रतीत होता है

ख़ुशियाँ छलकने लगती हैं
उनकी बातों से
उनकी मुस्कान यह बताती है
कि अब वे पहुँच गई हैं
एक क़दम ऊँचाई पे

बचपन को सँवारते अपनी मेहनत से
स्कूल आने को आतुर
नई उड़ान भरते
पथ की मुश्किल को हटाते
पाँवों की डगमगाहट को दूर करते
प्रतिदिन स्कूल आते

बालिका शिक्षा को आगे बढ़ाने के लिए
उनकी अपनी नई साइकिल
जो उन्हें सौग़ात दी गई है
बिटिया होने की

सरस्वती साइकिल योजना
शासन की यह एक अनूठी पहल
स्कूल जाने के लिए प्रत्येक बेटी बने
स्वतंत्र और सबल

एक शिक्षक होकर मैंने देखा
कक्षा नौवीं में आते ही
उनकी मुस्कान, ख़ुशियाँ, आत्मविश्वास
विद्यालय आने की समय पाबंदी
और एक नई साईकिल।

❖

छात्रवृत्ति

आज सभी बच्चे खुश थे
सिवाय उसके

मैंने रोज़ की तरह ही उससे पूछ लिया -
'कहो, क्या हुआ ?'
तब उसने मुझसे पूछा -
'सर, मेरे बाक़ी दोस्तों को छात्रवृत्ति मिली
लेकिन मुझे नहीं मिली, ऐसा क्यूँ ?'

मेरे पास शब्द नहीं थे
कि उसे क्या जवाब दूँ
मैंने कहा -
'वो लोग ज़रूरतमंद हैं बेटे।'

तो उसने कहा -
'सर, ज़रूरत तो मुझे भी है और उनसे ज़्यादा है।'

मैंने कहा -
'बेटा, तुम सामान्य वर्ग से हो
इसलिए तुम पात्र नहीं हो।'

उसने पूछा -
'सर, ये वर्ग क्या होता है ?'

मैंने उसे समझाने की कोशिश की
और उसे समझाते हुए पुरानी यादों में खो गया

मुझे याद आया
कैसे मेरे दोस्तों को छात्रवृत्ति मिलती थी
यूनीफ़ॉर्म मिलता था

और मुझे
सामान्य वर्ग का होने के कारण
छात्रवृत्ति नहीं मिलता थी
यूनीफ़ॉर्म नहीं मिलता था

मेरे वे दोस्त
जिनकी आर्थिक स्थिति
मुझसे कहीं ज़्यादा अच्छी होती थी
वे उस छात्रवृत्ति के पैसों से
सिर्फ़ मज़े और पार्टियाँ करते थे
और मेरे पास
पुस्तक लेने के लिए पैसे नहीं होते थे

फिर अचानक उसने पूछा –
'सर, ग़रीबी क्या जाति देखकर आती है ?'

मैं निरुत्तर था
क्योंकि इस प्रश्न का जवाब
मेरे पास भी नहीं है।

❖

उड़ने दो इन नन्हे पंखों को

उड़ने दो इन नन्हे पंखों को
इन खुले आसमानों में
नाप लेने दो ऊँचाइयाँ
लेने दो साँस खुली हवा में

जी लेने दो जी भरकर
महसूस करने दो आज़ादी
फैलाने दो बाँहें
समेट लेने दो ख़ुशियाँ

खिलखिलाने दो उन्हें खुलकर
देखने दो सपने
करने दो सपने पूरे उनके तरीक़े से
भागने दो उन्हें उनके पैरों पर

चुनने दो रास्ते उन्हें अपने
खोल दो बंदिशों की सारी बेड़ियाँ
खिलने दो उन्मुक्त चमन में
पालने दो शौक़ उन्हें भी

कर लेने दो ख़्वाहिशें पूरी अपनी
रँगने दो कोरे काग़ज़ों को
लिखने दो उन्हें अपने हाथों से
जो वो लिखना चाहते हैं।

❖

बालकान

विद्यालय के सबसे महत्वपूर्ण आँकड़ों का
संधारण तुमसे ही होता है
जहाँ मिल जाती है
उन आँकड़ों से जुड़े लोगों की जानकारी

या यूँ कहें कि बालकान किसी कक्षा की जीवन रेखा होती है
तो अतिशयोक्ति नहीं होगी
क्योंकि वास्तव में तो बालकान में अंकित
आड़े-टेढ़े अक्षर रूपी लकीरों से ही पता चलता है
उस कक्षा में पढ़ने वाले छात्रों की संख्या
और सिर्फ़ संख्या ही नहीं
बल्कि उनके नाम, पते और सारी जानकारियाँ भी
जो दर्ज़ होती हैं

उसके अंदर होती हैं समाहित
उस बच्चे से जुड़ी सारी बातें
कि वह भारत भविष्य कब जन्म लिया भारत में
बालकान रखता है हिसाब
उनके विद्यालय में उपस्थिति और अनुपस्थिति के दिनों की संख्या का

बालकान
जो की कक्षा की शुरुआत की प्रथम पुस्तिका होती है
जिसके बिना कक्षा का संचालन प्रारंभ नहीं होता
आम तौर पर हम उसे हाज़िरी रजिस्टर के नाम से बुलाते हैं

जो बदलता रहता है प्रतिवर्ष
नए बालकान में
नए वर्ष में नए आगंतुकों के नाम के साथ
होता है इसका संधारण

किंतु नए के आ जाने से
उस पुराने बालकान की महत्ता कम नहीं हो जाती
जब कभी भी शिक्षा के पथ पर
आगे निकल गए पथिकों की स्मृति ताज़ा होती है
तो उसके कुछ मुड़े, कुछ जमे हुए
और जिन्हें कई-कई बार पलटा गया है
उन पन्नों पर उँगलियाँ फेरने से
एक सुखद एहसास होता है

जैसे कोई माँ
दूर कहीं गए अपने बच्चों के
पुराने कपड़ों और चीज़ों को छूकर
उन्हें महसूस कर लेती है
और अपनी ममता को
उनके भविष्य के लिए न्योछावर कर देती है
ठीक उसी प्रकार
विद्यालय से पढ़कर निकल चुके
पुराने छात्रों की याद आने पर
शिक्षक भी उँगलियाँ फेर लेते हैं
अपने पुराने हुए बालकान के पन्नों पर

आख़िर वह भी तो मातृत्व से भरा
एक माँ रूपी शिक्षक ही होता है
जो अपने बच्चों के भविष्य के लिए भेजता है
उन्हें अपने से दूर
बताता है उन्हें रास्ता और कहता है -
मंज़िल अभी मिली कहाँ
बहुत दूर जाना है।

❖

लेक्चर स्टैंड

हर किसी का वजूद होता है
और हर कोई
अपने अस्तित्व को करता है परिभाषित

यूँ तो एक मामूली-सी लकड़ी का टुकड़ा ही हो तुम
या लकड़ी के टुकड़ों से बना एक आकार
लेकिन तुम्हारे इस आकार ने
न जाने कितनों की ज़िंदगी सँवारने
और उन्हें आकार देने में
अपना महत्त्वपूर्ण योगदान दिया है

न जाने कब से तुम खड़े हो
बिलकुल सीना ताने
मानो कोई सिपाही खड़ा हो
सीमा पर बिलकुल चौकस और चौकन्ना
मानो किसी घर का सबसे बड़ा ज़िम्मेदार व्यक्ति
जिसके मज़बूत कंधों पर होता है पूरे परिवार का बोझ
ठीक उसी तरह
तुम भी अपने स्थान पर हमेशा से खड़े रहे
मज़बूती के साथ

तुम्हारे कंधों पर हाथ रखकर
न जाने कितने ही गुरुओं ने
दिखाया है रास्ता अपने शिष्यों को

न जाने कितने ही गुरुजनों ने
ज्ञान और शिक्षा की अविरल धारा की है प्रवाहित

जिस तरह जल का प्रवाह
जब झरने का रूप लेता है
तो किसी-न-किसी पहाड़ से होता है प्रवाहित
ठीक उसी तरह ही
जब-जब शब्द रूपी ज्ञान हुआ है प्रवाहित
तो तुम पर टिककर ही बही है ज्ञान की गंगा

न जाने कितने ही भगीरथों को देखा है तुमने
दिया है सहारा अपने कंधों का
उसी मज़बूती के साथ
जिस मज़बूती से तुम खड़े हो आज भी
बिलकुल सीधे और अडिग

और शायद उन्हीं भगीरथ गुरुजनों का आशीष है
कि मुझे वो सौभाग्य प्राप्त हुआ
कि मैं भी उनकी तरह ही
तुम्हारे कंधों से टिककर आज
दिखा रहा हूँ रास्ता उन नन्हे क़दमों को

जिन्हें जाना है बहुत दूर तक
जिन्हें बढ़ना है आगे
जिन्हें चीर देना है तूफ़ानों का सीना
और लिखना है अपनी सफलता की कहानी

जिन्हें छू लेना है आसमान को अपने हाथों से
और उठ जाना है ऊँचाइयों से भी ऊँचा
जिन्हें फहराना है तिरंगा विश्व के पटल पर
जिन्हें लिखना है इतिहास
ताकि भारत रहे हमेशा
हमेशा की तरह ही
विश्व गुरु।

❖

गणित की क्लास

जैसे ही लगती थी घंटी
तीसरे पीरियड की
भाग कर आते थे हम सब
क्योंकि शुरू होने वाली होती थी अब
हमारी गणित की क्लास

पुस्तक खोलते ही लगता था एक डर
नए-नए सूत्र और दिमाग़ी उलझन
बार-बार प्रश्न पढ़ने पर भी
समझ न आए कुछ
कठिन विषय का कैसे हो अध्ययन

मास्टर जी के आते ही
बढ़ जाती थी ख़ामोशी
खोल के पुस्तक
जब वे ब्लैकबोर्ड पर लगते थे समझाने त्रिकोणमिति
ध्यान लगा के देखते रहते थे सारे
कुछ बूझे, कुछ अबूझे

धीमी पड़ती थी सबके मन की गति
कुछ सवालों का बन जाता था हल
जो न बन पाता तो होती थी हलचल
दिमाग़ी कसरत का यह खेल
चर-अचर की क्रिया से होता था मेल

मास्टर जी के समझाने पर
समझ-समझकर, सूझ-बूझ से
बिगड़ते-बनते थे सवालों के जवाब

पर अब समझ आता है
कितना कठिन होता है एक शिक्षक होना
बच्चों के प्रत्येक सवाल का सही जवाब देना

उनको सिखाना
चाहे वो जीवन कौशल हो
या कोई गणितीय सवाल

या हो अनुशासन, कर्त्तव्य
हर परिस्थिति का जवाब बन डटे रहना
जीवन के गणित हल करना

यही सिखाता हूँ
सौभाग्य से शिक्षक हूँ
अपना धर्म निभाता हूँ।

❖

कालखंड

दो कक्षाओं के बीच बजने पर
घंटी होती है सूचना
कालखंड परिवर्तन की

जैसे परिवर्तन ही संसार का नियम है
वैसे ही कालखंड भी होता है परिवर्तित
और देता है एक नए विषय का अध्ययन करने का संकेत
और नए अध्यापक के आगमन की सूचना

हर कालखंड के साथ ही बदल जाती है
छात्रों की मनोस्थिति भी
और बदलती हैं
मेज़ पर रखी पुस्तक और कापियाँ
बदलती हैं
बोर्ड पर लिखी हुई जानकारियाँ
और बदल जाता है
कक्षा का स्वरूप

कक्षा में नए शिक्षक का प्रवेश करना
नए आगंतुकों के आने का है प्रतीक
कि जीवन में नए-नए तरह के लोग आएँगे
और सभी से हमें
कुछ-न-कुछ सीखने को मिलेगा

कुछ दंड स्वरूप असफलताएँ भी प्राप्त होगीं
जो हमें सही दिशा में चलने
और मेहनत करने को करेंगी प्रेरित

कालखंड
विषय से होने वाली बोरियत को करता है दूर
साथ ही समय की पाबंदी भी सिखाता है
और देता है संदेश -
जीवन में प्रत्येक सोपान
कालखंड की तरह ही होता है
और जीवन के प्रत्येक पड़ाव में
हमें बदलते कालखंड की तरह ही बदलना है
पुस्तक और कपियाँ (धर्म और कर्म)

कालखंड देता है संदेश -
एक नए विषय को पढ़ने और सीखने का
जीवन के नए आयाम को जानने का
जीवन रूपी विषय को समझते हुए
उसके उतार-चढ़ाव के सवालों को हल करने का
और मोक्ष रूपी सफलता को प्राप्त करने का।

कक्षा घंटी

जिसकी ध्वनि

प्रतीक है अनुशासन का

समय की पाबंदी का

जो देती है संदेश समय के परिवर्तन का

जो बताती है ये पल बीत चुका है

और जो आएगा वह भी बीत ही जाना है

जो विषय परिवर्तन से बताती है

जीवन में हर विषय का महत्व है

विभिन्न आयामों में महत्व है

जिससे होता है निर्माण देश के भविष्य का

जिसकी ध्वनि

मानो हज़ारों पक्षियाँ एक साथ चहचहा रहे हों

मानो दूर से बहते हुए झरने की आवाज़ आ रही हो

मानो कहीं कोई माँ अपने बच्चों को बुला रही हो

ठीक वैसी ही तुम्हारी आवाज़

और तुम्हारी आवाज़ सुनकर हम सभी आ जाते हैं

और खो जाते हैं उस अनोखी दुनिया में

जहाँ कोई भेद नहीं है

जहाँ कोई ऊँचा या नीचा नहीं है

जहाँ सभी बराबर हैं

जहाँ सभी एक जैसे हैं

जहाँ सिर्फ़ प्रेम है और उसका संवहन है
जहाँ सिर्फ़ ज्ञान है और उसका वितरण है
जहाँ सिर्फ़ कर्तव्य है और उसका पालन है
जहाँ सिर्फ़ दायित्व है और उनका निर्वहन है

जहाँ सिर्फ़ सीखना और सिखाना है
जहाँ सिर्फ़ पाना और पाना है
जहाँ न कोई छोटा है और न बड़ा है
जहाँ न कोई जात है और न कोई धर्म है
जहाँ शिक्षण कर्म है और ज्ञान मर्म है।

❖

मध्याह्न भोजन

दोपहर की घंटी बजते ही
लग जाती है लाइन
फिर एक-एक करके उठाने लगते हैं सभी
अपनी-अपनी थालियाँ
और लगते हैं धोने नल के पानी से

उनकी चमकती थालियों से भी ज़्यादा चमक
दिखने लगती है उन नन्ही आँखों में
जो अनायास ही भोजन के समय आ जाती है

और फिर एक साथ लाइन में खड़े होकर
करते हैं अपनी बारी का इंतज़ार
और भोजन करने बैठ जाते हैं एक क़तार में
और बड़े ही अनुशासन के साथ करते हैं
एक साथ गायत्री मंत्र का उच्चारण
तब ऐसा प्रतीत होता है मानो
यज्ञ वेदी पर बैठे ऋषि-मुनि कर रहे हों हवन
और दे रहे हों अपने-अपने हिस्से की आहुतियाँ
तब मानो पूरा वातावरण हो जाता है
आध्यात्मिक और शांत-सा
जैसे उन नन्हे ऋषियों के आह्वान से
सचमुच ईश्वर प्रत्यक्ष हो गया हो
और उनके नन्हे हाथों से
सचमुच भोग-प्रसाद ग्रहण कर रहा हो

और सच ही तो है
हर बच्चे के अंदर विद्यमान है ईश्वर
जो है पूरी तरह
निश्छल, निष्पाप और निष्कलंक

और इन सच्चे ईश्वरों के बीच जीना
काम करना
और इनके साथ सीखना-सिखाना भी तो सौभाग्य ही है
आख़िर एक शिक्षक होना भी तो भाग्यशाली होना ही है।

❖

रसोईघर

रसोईघर
हाँ, आज इसी नाम से बुलाते हैं
उस कमरे को
जो वर्तमान में विद्यालय का
सबसे पुराना कमरा रह गया है

जिसमें हैं कुछ टूटे हुए रोशनदान
हैं कुछ टूटी हुई खिड़कियाँ
जिनके दरवाज़े भी शायद टूट से गए हैं
जिनकी दीवारों की मोटी परत बताती है
कि कई वर्षों की पुताई का चूना
अब मज़बूत परत बन चुका है

उस कमरे में बिजली की व्यवस्था भी
कुछ अच्छी नहीं है
हाँ, लेकिन खिड़कियों से रोशनी
पर्याप्त मात्रा में आ जाती है

आज भी हैं उस कमरे में
कुछ अस्त-व्यस्त से पड़े सामान
बिखरे हुए-से लकड़ी के कुछ लट्ठे

यूँ तो विद्यालय का हर एक कमरा
यादों का पुलिंदा है

लेकिन वह कक्ष कुछ ख़ास ही लगता है
शुरू से ही एक अजीब-सा लगाव है उस कमरे से
और जब कभी भी समय मिल जाता है
हो आता हूँ वहाँ से एक बार

हर बार उस कमरे में जाने पर
सुकून-सा मिलता है मुझे
उस कमरे की दीवारें और खिड़कियाँ
करने लगती हैं बातें मुझसे

ऐसी बातें
जिन्हें सिर्फ़ मैं ही सुन पाता हूँ
और जवाब भी सिर्फ़ मैं ही देता हूँ
उनके सवालों के

उस कमरे के अंदर जाते ही
किसी टाइम मशीन में बैठकर पहुँच जाता हूँ
उसी पुराने भूले-बिसरे बचपन और स्कूल के दिनों में
जिन्हें भूले-बिसरे की संज्ञा देना
महज़ एक शब्दालंकार ही है

क्योंकि मैं कभी नहीं भूल पाया
अपने स्कूल के दिनों को और उस कमरे को
क्योंकि स्कूल में मेरा पहला क़दम वहीं रखा था
और मेरी पहली कक्षा उसी कमरे में लगी थी
जो आज बन गई है रसोईघर।

◆

वो नारियल का पेड़

वो नारियल का पेड़
जो खड़ा रहा हमेशा से
मेरे स्कूल के कैम्पस में

बिलकुल सीधा, लंबा, ऊँचा-सा
मानो जैसे आसमान को ही छू ले
जिसको बढ़ते देखा था हमने अपनी आँखों से

जो था प्रतीक दृढ़ता का
जो था प्रतीक बढ़ती उँचाइयों का
जो था प्रतीक स्थिरता का

जिसमें फल भी लगा करते थे
और जो यदा-कदा नीचे गिर भी जाया करते थे

कभी-कभी फलों को
भृत्य भैया द्वारा तोड़ा भी जाता था
उस पेड़ को लगाया था हमारे शिक्षकों ने
पूरा-का-पूरा एक गार्डन भी था उसके चारों ओर
नीचे एक पानी की टंकी थी
जिसमें नल का पानी होता था जमा
गार्डन में हमें सिखाया जाता था
पौधों और पेड़ों की देख-भाल करना
और इस प्रकार प्रकृति से रिश्ता जोड़ा जाता था हर बच्चे का

यूँ तो फूलों को तोड़ना मना था हमारे लिए
पर कभी-कभी नज़रें चुराकर
तोड़ लिया करते थे एकाध फूल

उन फूलों की ख़ुशबू आज भी कहीं रह गई है
हमारी उँगलियों में
उन पेड़ों से रिश्ता आज भी क़ायम है
हमारे दिलों में
उन्हें देखकर तो लगता है
जैसे कल ही की तो बात है

वो नारियल का पेड़
दिलाता है याद गुरुजनों की
उनकी नसीहतों की
उनसे अटूट बंधनों की
प्रकृति के प्रति हमारे दायित्वों की
हम पर उस कर्ज़ की
जो कर्तव्यों के रूप में हमें मिला है
जिसे चुकाकर जाना है हमें अपने विद्यार्थियों को

वो नारियल का पेड़
दिलाता है याद उन धरोहरों की
जिसे बोया गया हमारे गुरुजनों द्वारा
और जिसकी देख-भाल अब हमें करनी है
और जिनसे नई कोंपलों को जोड़ना है
बिलकुल उसी तरह जैसे हमें जोड़ा गया उनसे
मेहनत, लगन और धैर्य के साथ

जिससे बन सके वैसा ही रिश्ता
जो मज़बूत हो
अडिग हो
स्थिर हो
ऊँचा हो
चिरस्थायी हो
उस नारियल के पेड़ की तरह।

❖

वो इमली का पेड़

वो इमली का पेड़
जिसके चारों ओर
खेला करते थे हम
अपने तरीक़े के अलग-अलग खेल

जिसके आस-पास ही लगाया करती थी
एक बुजुर्ग महिला अपनी खाई-ख़ज़ाना की दुकान
और जिसके पास ही कभी-कभी
चना-चटपटीवाला भी लगाया करता था अपना ठेला

उस इमली के पेड़ से लगा हुआ था
एक मंदिर विश्वकर्मा जी का
जिसकी दीवारों पर चढ़कर करते थे कोशिश
इमली का फल तोड़ने की
और फल नहीं तो कम-से-कम
उसका नर्म कुरमा तोड़कर ही
बड़े मज़े से खाया करते थे

जब से स्कूल में क़दम रखा तब से
और आज तक
वो खड़ा है बिलकुल वैसे ही
उसने देखा है हर पीढ़ी के बच्चों को
स्कूल आते और जाते

उसकी जड़ें पूरी तरह से फैली हुई थीं
हमारे स्कूल के मैदान में
और कुछ तो बाहर भी निकली हुई थीं
उसकी जड़ों से एक बड़ा-सा सिंहासन नुमा
बैठने का स्थान बना हुआ था
जिसमें बैठकर हम खेला करते थे
कभी राजा-महाराजा वाला खेल

बंदरों का भी जमावड़ा रहता था
उसकी शाख़ाओं में
और पक्षियों का बसेरा भी

समय के साथ
बदलाव होता गया उसके रूप में
लेकिन आज भी
वो खड़ा है वैसे ही
और आज भी सारे बच्चे
उसकी गोद में खेलते हैं
अपनी-अपनी तरह के खेल
शायद राजा-महाराजा वाला ही।

❖

वो आम का पेड़

जब तक तुम खड़े थे तुम्हारी छाँव तले
न जाने कितने ही दिन बिताए हमने
धूप-बरसात-ठंडी में

न जाने तुम कितना काम आए
मुझे याद है बचपन के स्कूल के दिन के वो खेल
जो तुम्हारी चारों ओर हम खेला करते थे

न जाने कितने ही मौसम आए और चले गए
और तुम वर्षों तक यूँ ही खड़े थे

न जाने कितनी ही गर्मियों में
तुमने हमें सहारा दिया था
तुम्हारे मीठे फलों को तोड़-तोड़कर
सभी लोगों ने आनंद लिया था
तुम्हारी फैली हुई लताएँ कराती थीं एहसास
तुम्हारे विद्यालय के इतिहास होने का
जाने कितने ही पक्षियों को आसरा दिया था तुमने

ठंड के दिनों में तुम्हारे तले
आधी धूप और आधी छाँव का मज़ा लेकर
बहुत सारी पढ़ाई की हमने
और न जाने कितने गुरुजनों ने
तुम्हारी महत्ता को बताया था

न जाने कितने ही सांस्कृतिक कार्यक्रम हुए थे
तुम्हारी छाँव तले
और न जाने कितनी ही दफ़ा
साउंड और तोरण भी बाँधा गया था
तुम्हारी शाख़ाओं में
तुम्हारी छाया मंच तक आती थी
और प्रार्थना के समय गर्मी का एहसास भी
कम ही होता था

तुम्हारी ठंडी हवाओं से ऊर्जा मिलती थी हमें
गर्म मौसम में भी
पूरे मैदान में तुम्हारी पत्तियाँ बिखरी होती थीं
पूजा-पाठ और हवन के लिए
न जाने कितनी बार तुम्हारी पत्तियाँ
और सूखी डाल से लकड़ियाँ मिल जाती थीं

लाल बड़ी माटरा चींटियाँ भरी रहती थीं
तुम्हारी शाख़ाओं में
पत्थरों को सहकर भी तुमने
छाँव, ठंडकता और फल दिया

तुम थे तो विद्यालय भरा-भरा लगता था
जैसे घर में बड़े बुजुर्गों के रहने से
उनका आशीर्वाद बना रहता है
और उनके न होने पर
उनकी कमी कोई पूरी नहीं कर सकता

ठीक वैसे ही तुम्हारे कट जाने से
कुछ अधूरी-सी लगती है अब
हमारी पाठशाला।

❖

वो नीम का पेड़

वो नीम का पेड़, न जाने कब से खड़ा है
विद्यालय के बीचो-बीच मैदान में
यूँ सीना ताने, मानो कोई सैनिक खड़ा हो
अपनी चौकी पर तैनात
या मानो, सीमा पर कोई सजग प्रहरी खड़ा हो

उसकी शाख़ाएँ फैली हुई हैं चारों तरफ़
जो उसके विस्तार को दर्शाती है
उसकी शाख़ाएँ
न जाने कितने ही पक्षियों को आश्रय देती हैं
न जाने कितने ही पक्षियों ने लिया है पनाह

और उसके छाँव तले
एक अभीष्ट आनंद की प्राप्ति होती है
शीतलता का सुखद एहसास होता है
जब कभी भी उसके नीचे खड़े होते हैं बच्चे और शिक्षक
तो लेते हैं आनंद
उसकी ठंडी हवा के झोंके
और शीतलता से भरी छाँव का

कई वर्षों से देख रहा हूँ
न जाने कितने ही आँधी-तूफ़ान आए
लेकिन वह खड़ा है बिलकुल अडिग
और इस प्रकार देता है हमें संदेश
दृढ़तापूर्वक कठिनाइयों का सामना करने का

उसकी मज़बूत जड़ें हमसे कहती हैं
ऊँचाइयों पर उड़ने से पहले
धरातल पर पकड़ होनी चाहिए मज़बूत

इसी प्रकार पत्तों की कड़वाहट बताती है
चाहे कितना भी हो विषाक्त
या कड़वाहट से भरा हो जीवन
रहना है सदा ही लहराते, झूमते और मस्त
इन पत्तियों की तरह ही कोमल
और साथ ही दूसरों के लिए सदैव करें औषधि का काम
अर्थात जिएँ ऐसे
कि परहित में ही लगा रहे जीवन

एक दृष्टि से देखता हूँ, तो पाता हूँ
नीम के पेड़ की तरह ही
एक शिक्षक करता है अपना काम
विद्यालय में रहता है बिलकुल अडिग और तैनात
उस पेड़ की तरह ही
और देता है
अपने प्रेम और आदर्श रूप की छाँव
अपने छात्रों को
नीम की पत्तियों की तरह ही
अपनी सीख, डाँट-डपट से करता है दूर
उनके व्यक्तित्व की बुराइयों
और अज्ञानता की बीमारियों को
ताकि एक स्वस्थ मस्तिष्क, स्वस्थ व्यक्तित्व
और स्वस्थ समाज का हो सके निर्माण

सचमुच नीम-सा ही तो होता है
शिक्षक का कार्य
और नीम के पेड़ की तरह ही होता है
एक शिक्षक।

❖

एक पेड़ माँ के नाम

माँ ने हमको जीवन दिया है, हम सबकी वो जननी है
पेड़ से सब पाते प्राण-वायु, उसकी रक्षा करनी है

जीवन के हर क्षण में हमने, पेड़ों से ही सब कुछ पाया
फूल-फल, औषधि-संजीवनी बन, मानव सभ्यता को बसाया

चलते-चलते न जाने कब, हो जाए ज़िंदगी की शाम
आओ मिलकर लगाएँ फिर, एक पेड़ माँ के नाम

प्रतिपल ये बढ़ता प्रदूषण, एक दिन लेगा सबके प्राण
रोकनी होगी पेड़ों की कटाई, संकल्प लेना होगा ठान

पशु-पक्षियों का आश्रय है और राहगीरों की छाँव है
पर्यावरण की डूबतीं नदियों में, यही तो एक नाव है

पेड़-प्रकृति की रक्षा करना ही, तीर्थ मानो चारों धाम
आओ मिलकर लगाएँ फिर, एक पेड़ माँ के नाम

जीवन के इस भाग-दौड़ में, भाग रहे हैं हम सभी
हर किसी के पास है देखो, अपना-अपना कोई काम

आओ आज छोड़कर फिर, तुम अपने सारे काम
हम सब मिलकर लगाएँ फिर, एक पेड़ माँ के नाम

प्रकृति का हो संवर्धन, आओ मिलकर करें वृक्षारोपण
भावी पीढ़ी पाए स्वस्थ जलवायु, बनें हम आज प्रबोधन

सिर्फ़ पेड़ लगाना ही नहीं, एक-एक वृक्ष बचाना होगा
जंगल माफ़िया हटाना होगा, कानन-पर्व मनाना होगा

दृढ़ संकल्पित हों हम सभी, है बस यही मेरा पैग़ाम
आओ मिलकर लगाएँ फिर, एक पेड़ माँ के नाम।

❖

बिलकुल बेटी-सी

आज भी हाथों में उसकी ख़ुशबू आ रही
तब धीरे-से छुआ था मैंने उसे
देखते-ही-देखते बड़ी हो गई
और पता ही नहीं चला
कि कब मेरे जितनी उसकी लंबाई हो गई

उसका चमकता हुआ रंग
आँखों को सुकून-सा देता है
और उसकी फैलती ख़ुशबू
जब हवा में घुलती है
तो मदहोश-सा हो जाता है मन

मुझे याद है अभी भी
जब बहुत छोटी-सी थी
तब मिला था मैं उससे
आज उसकी तरुणाई देखकर
यक़ीन ही नहीं होता
कि ये कभी नाज़ुक-सी, छोटी-सी थी
जो आज मुझ जैसी लंबी हो गई है

आते-जाते कर लेता हूँ उससे बातें कभी-कभी
कभी-कभी थोड़ा प्यार भी जता लेता हूँ उससे
कभी उसे छूते हुए
कभी छेड़ते हुए
निकल जाता हूँ उसके पास से

और जब भी गुज़रता हूँ उसके बाज़ू से

तो ऐसा लगता है जैसे हर बार

वो मुझे ही मुड़कर देख रही है

या शायद मुझसे कुछ कहना भी चाहती है

उसका रंग और रूप देखकर ही

बहुत से लोग हो जाते हैं आकर्षित

उसकी ख़ूबसूरती और अदाएँ देखकर

विद्यालय के बहुत से लड़के

उसे छूना और छेड़ना चाहते हैं

और हर बार

मुझे उसे लोगों से बचाने के लिए

रहना पड़ता है सामने

मुझे हमेशा ये लगता रहता है

कि अगर मैं नहीं रहूँगा

तो कौन सँभालेगा उसे

कौन करेगा उसकी रक्षा और सुरक्षा

कौन लेगा उसकी ज़िम्मेदारी

कौन बनेगा उसका संरक्षक

कौन करेगा उसकी देख-भाल

लेकिन अब उसकी ज़िम्मेदारी ले ली है

विद्यालय के ही उन नन्हे हाथों ने

जो अब बड़ी ख़ुशी और उत्साह के साथ

करते हैं उसकी देख-भाल

रखते हैं उसका पूरा ख़्याल

जैसे वो उनकी ही कोई छोटी बहन-सी हो
ताकि वो निश्चिंत होकर रह सके हमेशा की तरह
मुस्कुराती-सी, सुंदर-सी
ख़ूबसूरत-सी, नाज़ुक-सी
और महकती रहे हमेशा के लिए

आख़िर कलियाँ भी तो होती हैं संतान की तरह
उन्हें भी देख-भाल की आवश्यकता होती है
और ये कलियाँ
जिन्हें विकसित होना है
बिलकुल बेटियों-सी होती हैं
हमेशा से।

❖

फूलों की क्यारी

क्यारी बताती है हमें

अपने अनुशासन की कहानी

और इस तरह सिखाती है

एक क्रम में रहकर

खिलना और आगे बढ़ना

अनवरत मुस्कुराते रहना

और अपने दायरे में रहना

बिना किसी दूसरे को नुकसान पहुँचाए

देना महकते फूलों का उपहार

और फैलाना खुशियाँ

ताकि उनकी सुगंध से महके सारा समाज

और जो भी देखे उन्हें वह भी हो जाएँ

सकारात्मकता से भरपूर और उत्साह से लबरेज़

क्यारियाँ अकसर दीवार से लगी हुई होती हैं

जो बताती हैं

कि कम स्थान पर भी कैसे गुलज़ार हुआ जाता है

और वे देती हैं संदेश

कि जीवन में कमियाँ होते हुए भी

जी सकते हैं एक खुशहाल ज़िंदगी

और बिखेरी जा सकती हैं खुशियाँ

दीवार के किनारे बताते हैं
कि अपनी संस्कृति के क़रीब रहकर
थोड़े में भी आप मज़बूत रहते हैं
और कोई दूर की आँधी
आपको उड़ाकर नहीं ले जा सकती

क्यारियाँ एक लय में होकर
देती हैं एकता का परिचय
और चाहे सुख की हवाएँ चलें
या दुख के तूफ़ान आ जाएँ
वे सारी एक साथ रहकर
लहराती रहती हैं हमेशा

क्यारियाँ जिनकी जड़ें
भले न हों उन बड़े वृक्षों-सी मज़बूत
लेकिन सीमित होकर भी
अपने आपमें होती हैं संपूर्ण
और होती हैं तैयार
समाज को देने
रंग-बिरंगे और महकते फूलों की सौग़ात।

❖

वो पुराना कुआँ

यूँ तो उसकी गहराई कितनी थी
मैं भी नहीं जानता
हाँ, लेकिन जब भी देखा उसे
लबालब ही देखा
मेरे जानते में
उसका जल स्तर कभी कम नहीं हुआ

सारे बच्चे उसके आस-पास ही खेलते थे
लेकिन कभी कोई ऐसी घटना नहीं घटी
जिससे कभी कोई हानि हुई हो
कभी-कभी तो हम लोग रस्सी-बाल्टी लेकर
पानी भी निकालते थे वहाँ से
इस प्रकार हमारा शारीरिक व्यायाम भी होता था
साथ ही हमें मेहनत का महत्व
और पानी का मूल्य भी समझ आता था
आस-पास के रहने वाले लोग भी ले जाया करते थे
कभी-कभी भरकर अपनी-अपनी बाल्टियाँ

गुरु जी लोग बताया करते थे
कुएँ का महत्व और उसकी उपयोगिता
पाठ्य पुस्तकों में भी होता था इसका उल्लेख
तब सिर्फ़ ज्ञान प्राप्त करना ही होता था उद्देश्य
लेकिन उसकी गहराई और मर्म को
समझ नहीं पाते थे हम

समय करवट लिया

जब आज खुद एक शिक्षक बनकर देखता हूँ
तो पाता हूँ कि कई गूढ़ बातें छुपी हैं
उस कुएँ की बनावट और उसकी गहराई में

वर्तमान में विलुप्त होने के कगार पर होते हुए भी
वो दे रहा है संदेश
ज्ञान का कुआँ
जो छाती पर बाल्टी की मार खाकर भी
करता है तृप्त
बुझाता है ज्ञान की प्यास को
करता है अज्ञानता की गर्मी को दूर
मिटाता है व्यक्तित्व की मैल को
धोकर अपने जल से
करता है शांत हर एक बेचैनी को

वह भेद नहीं करता
किसी बड़े-छोटे या जात-पात का
नहीं मानता वर्गों में इंसानों को
देता है सभी को बराबर स्नेह
और प्रेम का जल
अविरल, बिना थके, बिना सूखे
वह रहता है हमेशा अपनी मर्यादा में
नदियों-सा नहीं लाँघता अपनी सीमा
नियम, मर्यादा, नैतिकता के चबूतरे से घिरा
खुद को बाँधा और संतुलित रखता है

वो घिरनी रूपी मुख से
बोलता रहता है लगातार
जब भी आपको जल रूपी ज्ञान की पिपासा हो

और इस प्रकार घिरनी से ही देता है संदेश
कि परिस्थितियाँ हमेशा एक-सी नहीं होतीं
कभी ऊपर, तो कभी नीचे
कभी धूप, तो कभी छाँव
कभी दुख, तो कभी सुख
कभी सफलता, तो कभी असफलता
लेकिन रहना है सदैव
सक्रिय, गतिमान और ऊर्जा से परिपूर्ण

अंदर का शांत स्वरूप जल बताता है
कि जो गहरा होगा
जिसमें ज्ञान अधिक होगा
वो शांत होगा

कुएँ का चबूतरा
जिसे कहते हैं जगत
जोड़ता है जगत् के हर वर्ग को

हाँ, लेकिन उसकी कुछ शर्तें भी हैं
कि अगर आपको प्राप्त करना है
ज्ञान का जल
तो विश्वास की डोर होनी चाहिए मज़बूत

और आपमें होना चाहिए
अनुशासन व मेहनत का जुनून
तभी निकल पाएगा ज्ञान का जल

कुछ लोग करते हैं उसे गंदा
कचरा फेंककर
या उसकी उचित देख-भाल न करके
पड़े रहने देते हैं उसे हाशिए में
उसके गुणों को भी नज़रअंदाज़ करके

कुछ लोग मचाते हैं हल्ला
कुएँ का पानी दूषित है कहकर
वे फेंक देते हैं अपशब्दों के पुराने क़बाड़
जिसे न जाने कब से भरे रखे होते हैं
अपने मन के घर में
वे उड़ेल देते हैं
अपनी दुर्भावनाओं का जूठा या ख़राब अन्न

वह बोल भी नहीं पाता है
अपना दर्द
लड़ भी नहीं पाता
अपने अस्तित्व की लड़ाई
तोड़ भी नहीं पाता
अपनी मर्यादा के बंधनों को
और छोड़ भी नहीं पाता
अपने जल देने के गुण को

बस देखता रहता है चुपचाप
अपने होते अवमूल्यन को
हताश, निराश, और उदास
इस उम्मीद पर
कि कभी तो होगी ईश्वर की कृपा
और बदलेगा मौसम
कभी तो होगीं जमकर बारिशें
ताकि फिर से ले सके साँस
सूखता हुआ कुआँ
और फिर से हो सके लबालब
ज्ञान और सम्मान के जल से
ताकि बह जाएँ मलिनता के वे सारे कचरे
जो उस पर फेंके थे
ज्ञान से परे कुछ अनजान लोगों ने

ताकि वह फिर से दे सके
अपना सारा जल
और उसकी मिठास से बुझ सके
लोगों की प्यास

सचमुच में
कुएँ की तरह ही तो होता है
एक शिक्षक का किरदार।

मेरी वर्दी और मैं

तुम्हें पाने से पहले
मैं बस जिए जा रहा था
और अपनी ज़िम्मेदारियों को निभाए जा रहा था

पर जब तुमसे मिला
मैं फिर से अपने बचपन में खो गया
सन् छियानवे-सतानवे का बैच
जैसे फिर से लौटकर वापस आ गया हो
और फिर मैं खो गया
और करने लगा कोशिश
फिर से उसी जोश, जुनून और उत्साह को जीने की
फिर से जागने लगी मेरी तरुणाई
और लेने लगी करवट जवानी
जैसे फिर से नई ऊर्जा का संचार हो रहा हो
जैसे रगों में दौड़ते लहू में फिर से उफान आने लगा हो
और जैसे फिर से पहाड़ों का सीना चीर देने का हौसला आ गया हो

और इस बार
तो तुम हमेशा के लिए मेरे पास हो
और मेरे जीवन में शामिल हो चुकी हो
अब तो बस तुम्हारे ही ख़यालों में रहता हूँ रात और दिन
और जैसे तुम्हारे लिए ही जी रहा हूँ
मुझे अब कुछ और नहीं सूझता

लेकिन इस बार तुम अपने साथ
कुछ ज़िम्मेदारियाँ भी ले आई हो
अब ख़्वाब सिर्फ़ मेरे ही नहीं
कुछ और नए कोंपलों के भी ख़्वाब लिए तुम खड़ी हो
और जैसे मेरे कंधों पर ही टिका हो
उनके ख़्वाबों का कारवाँ

मैंने भी लिया है संकल्प
कि जब तक रहूँगा अपनी पूरी कोशिश करूँगा
उन नए पंखों को उड़ान देने की
क्यूँकि मैं जानता हूँ दर्द
सपनों के बिखरने का
पंखों के टूटने का

तो मेरा वादा है तुमसे
मेरा वादा है ख़ुद से
कि जब तक तुम हो साथ मेरे
और हम साथ-साथ हैं तब तक
हर एक सपने का पंछी भरेगा उड़ान आसमानों में
करेगा अपने ख़्वाबों को पूरा
पाएगा अपनी मंज़िल
क्यूँकि अब वो अकेला नहीं होगा
उसके साथ होंगे तुम और हम
मेरी वर्दी और मैं।

ड्रिल डे

हफ़्ते में एक ही बार मुलाक़ात होती है तुमसे
लेकिन वो मुलाक़ात पूरे हफ़्ते भर रहती है याद
हर दिन तुम्हारी ही बात होती है

और तुम्हारे आने के पहले
की जाती हैं तैयारियाँ
किए जाते हैं कपड़े साफ़
पूरी तरह से प्रेस
जूते पॉलिश
बाल बिलकुल छोटे और जमे हुए
कैप अच्छी तरह से पहनना
और समय पर उपस्थित हो जाना

पूरी तरह से अपडेट रहना पड़ता है
तुम्हारे स्वागत के लिए
तुमसे मिलकर होती है शुरू
दिन-भर की भाग-दौड़
व्यायाम और अन्य क्रियाकलाप
तुमसे मिलने के लिए ड्रेस कोड में आना पड़ता है
सीटी के बजते ही लग जाते हैं
सारे-के-सारे लाइन में
फिर होती है गिनती शुरू ऊँची आवाज़ में
ऊँची शाउटिंग चलती ही रहती है
पूरे स्कूल में गूँजती रहती है आवाज़

लेफ़्ट-राइट

लेफ़्ट-राइट

लेफ़्ट-राइट

चेस्ट अप

चीन अप

लुक अप

शोल्डर बैक और उस्ताद के काशन

तीन-तीन की फ़ाइल में

एक साथ हाथ मिलाकर चलना

एक साथ पैर उठाकर पटकना

एक साथ, एक लय में

एक ताल में

एक अंदाज़ में

एक आवाज़ में

एक लाइन में

एक नई ऊर्जा के साथ

एक नए जोश के साथ

एक नई उमंग के साथ

एक नई तरंग के साथ

एक नई उम्मीद लेकर

एक नए सपने के साथ

आते हो तुम

परेड के दिन

ड्रिल डे।

❖

एनसीसी

जब भी देखता हूँ तुम्हारी चमकती आँखों को
तो वही बचपन याद आ जाता है

कैसे एनसीसी लेने के लिए
लालायित रहते थे हम सभी
और कैसे कड़ी प्रतिस्पर्धा के बीच
हमें अवसर मिलता था

आज जब कभी भी तुम्हारी उत्सुकता
और लगन को देखता हूँ
तो लगता है जैसे ये कभी न कम होने वाला जुनून है
और यही जुनून ही तो चाहिए
एक एनसीसी कैडेट में

चुनौतियों का सामना करना
हँसते हुए आज्ञा का पालन करना
अनुशासन में रहना
और एकता में रहना चाहिए एनसीसी कैडेट को
क्योंकि यही तो ध्येय वाक्य है एनसीसी का
एकता और अनुसासन

और यही तो सिखाता है हमें एनसीसी
और करता है तैयार
राष्ट्रवादी, देशभक्त, भावी नागरिकों को

जैसे माँ प्रथम गुरु होती है
किसी बच्चे के लिए
ठीक उसी तरह स्कूल का एनसीसी भी
एक सैनिक के लिए
प्रथम पाठशाला ही होता है

जहाँ देशभक्ति का जज़्बा
और कुछ कर गुज़रने का जुनून दौड़ता है रगों में
जहाँ सेवा और त्याग सिखाया जाता है
जहाँ ख़ुद से भी बड़ा देश को बताया जाता है
जहाँ हर बच्चा फ़ौजी होता है
जहाँ देश की आन-बान-शान ही
जीवन का उद्देश्य होता है
जहाँ न कोई मज़हब है, न जात है
जहाँ न क्षेत्रीयता है, न कोई भाषावाद है
जहाँ सिर्फ़ और सिर्फ़ भारतीयता है
और हैं माँ भारती के सपूत

जहाँ नि:स्वार्थ सेवक हैं
जहाँ कर्तव्यों से बढ़कर कुछ भी नहीं है
जहाँ दायित्वों को पूरा करना ही परम धर्म है
जहाँ आपसी भाईचारा और प्रेम की लय है
जहाँ वर्दी ही सबसे अच्छा परिधान है
जहाँ सर्वोच्च देश का संविधान है
जहाँ बहती एकता की गंगा है
जहाँ सभी की मंज़िल एक है

जहाँ हिमालय की चोटी से लेकर कन्याकुमारी तक
सिर्फ़ तिरंगा ही रंग है
जहाँ अपनों के लिए प्रेम
और दुश्मन के लिए जंग है

जहाँ देश की धरती को ख़ून से सींचा जाता है
और ख़ुशहाली की फ़सल पैदा की जाती है
जहाँ देश की रक्षा के लिए
प्राणों की आहुति देना ही सौभाग्य है।

❖

नि:शुल्क सैन्य भर्ती प्रशिक्षण

एक नई शुरुआत नए सफ़र की
नए लोगों के साथ मिलकर
ताकि सफ़र का सिलसिला चलता रहे
हाथ से हाथ मिलता रहे

चेहरों पर हँसी खिलती रहे
जन कल्याण की भावना हो
पथ प्रदर्शन होता रहे
ताकि ज़िंदा रहे अंदर का शिक्षक

ताकि अपना सब कुछ
समस्त ज्ञान सिखा सकें अपने विद्यार्थियों को
ताकि वे जीवन के पथ पर अग्रसर हो सकें
ताकि वे मन चाहा रास्ता चुन सकें

उनके रास्ते आसान कर सकें
ताकि मिले उन्हें मंज़िल, कुछ ऐसा काम कर सकें
ताकि उनके चेहरे की मुस्कुराहट राहत दे हमें
ताकि उनकी सफलता की आहट ताकत दे हमें
ताकि उनकी खुशियों में उनके साथ झूम सकें
ताकि गुरु होने का दायित्व पूरा हो सके

कुछ ऐसा हो सके
जिससे छात्रों का भविष्य निर्माण
और राष्ट्र की सेवा हो सके

तैयार कर सकें
ऐसे राष्ट्रवादी देशभक्त नौजवान
जो हों तैयार देश की रक्षा के लिए
जिनमें हो जज़्बा
देश सेवा के लिए सरहदों में जाने का
जो हों इतने मज़बूत
कि जिनके कंधों पर दिया जा सके भार
देश की रक्षा और सुरक्षा का

जिनके कंधों पर लगने वाले सितारे ही
उनकी पहचान बन सकें
शरीर पर चढ़ने वाली वर्दी ही
उनकी जान बन सके
माथे पर लगने वाला अशोक चिह्न ही
उनकी आन बन सके
कमर में बँधने वाला कमरबंद ही
उनकी शान बन सके
देश का मान ही उनका मान बन सके

उनके इस रास्ते पर जाने के लिए
उन्हें उनकी मंज़िल तक पहुँचाने के लिए
उन्हें सही रास्ता और तरीक़ा बताने के लिए
एक नन्ही गिलहरी-सा प्रयास लेकर
एक छोटी-सी आस लेकर
एक मज़बूत विश्वास लेकर
कुछ मुझ जैसे साथियों का साथ लेकर

सिर्फ़ हौसला और जज़्बात लेकर
अपने गुरुजनों का आशीर्वाद लेकर
और संकल्प साथ लेकर

शुरू किया है
नि:शुल्क सैन्य भर्ती प्रशिक्षण
एक अभियान।

❖

आत्म-रक्षा एवं कराटे प्रशिक्षण

घर से निकलती डरती-घबराती
सबकी नज़र से ख़ुद को छुपाती
पड़ जाए कोई बुरी नज़र
तो चुनरी ओढ़ अपनी लाज बचाती

पुरुष प्रधान इस संसार में तुम
अबला नाम से हो जानी जाती

देखो, बढ़ रही विश्व की रफ़्तार
अनैतिकता रही है पाँव पसार
सुनो, दुराचारी हो गए हैं शातिर
बदलना होगा तुम्हें अपनी ख़ातिर

अपने आत्म-सम्मान को जगाना होगा
नारी के अस्तित्व को बचाना होगा

उठो, उस अष्टभुजी का ध्यान करो
अब आत्म-रक्षा का संज्ञान करो
जागो, अपनी शक्ति की पहचान करो
लड़ो, अपनी क्षमता का भान करो

कौरव सभा-सी दुष्ट दुनिया में
सुनो, अब न कोई कृष्ण आएगा

बनना होगा कवच ख़ुद ही
अपनी लाज बचाने को
सीख गुर विभिन्न रक्षा के
दु:शासन को धूल चटाने को

सीता नहीं, अब रणचंडी तुम्हें बनना होगा
तुम्हें नहीं, अब रावण को तुमसे डरना होगा

बेचारी न अब कहे कोई
बन योद्धा अपना मान बढ़ा
छू न पाए तुम्हें कोई रावण
वहीं पटककर उसे धूल चटा

देखो जागरूक हो रहा है जग सारा
शासन से मिला है एक मंत्र प्यारा

बेटी पढ़ाओ, बेटी बचाओ
बेटियों को सशक्त बनाओ
आत्म-रक्षा का हो इन्हें ज्ञान
बना रहे सदैव इनका मान

आओ मिलकर करेंगे प्रयास
करना होगा तुम्हें भी अभ्यास

करता हूँ आह्वान तुम्हारा
एक नया अभियान हमारा
दे रहा है तुम्हें निमंत्रण
नि:शुल्क आत्म-रक्षा एवं कराटे प्रशिक्षण।

❖

प्लास्टिक मुक्त भारत

मैं एक शिक्षक हूँ
और मैं जानता हूँ
कि अध्ययन-अध्यापन के अलावा
मेरी और भी कई ज़िम्मेदारियाँ हैं

मेरा काम
सिर्फ़ विद्यालय तक ही सीमित नहीं है
मुझे सिर्फ़ अपने छात्रों को ही नहीं सिखाना है

मेरे लिए विद्यालय की चारदीवारी ही
मेरा कर्म क्षेत्र नहीं है
अपितु पूरा समाज, मेरा गाँव, मेरा राज्य
और मेरा देश भी मुझसे उम्मीद रखता है

मुझे अपने छात्रों के साथ
समाज को भी संदेश देना है
जिसके लिए मुझे ख़ुद ही मैदान में आकर
काम करना पड़ेगा

मुझे करना होगा संगठित
ऊर्जावान लोगों को
मुझे लेना होगा साथ
मेरे वर्तमान छात्रों के साथ-साथ
भूतपूर्व छात्रों को भी

मुझे लाना होगा एक ही मंच पर
भिन्न-भिन्न विचार के लोगों को
मुझे पिरोना होगा उन्हें एक मत के धागे में
मुझे समेटना होगा बिखरे हुए लोगों को

मुझे मिटाना होगा समाज में फैली हुई बुराइयों को
मुझे करना होगा सचेत आने वाली समस्याओं से
मुझे देना होगा तर्कसम्मत जवाब अतार्किक सवालों के

मुझे लानी होगी नई क्रांति नए अंदाज़ में
मुझे अपनाना होगा नवाचार को
मुझे करना होगा जागरूक
समाज, राज्य और राष्ट्र को

ताकि आने वाली पीढ़ियाँ सुरक्षित रह सकें
मुझे रोकना होगा पर्यावरण के प्रदूषण को
मुझे करना होगा विरोध प्लास्टिक जैसे दानव का
मुझे जगाना होगा
मेरे घर, मुहल्ले, गाँव, ज़िले, राज्य और देश को

ताकि सिंगल यूज़ प्लास्टिक पर लगे लगाम
ताकि पर्यावरण बचा रहे
ताकि प्लास्टिक का उपयोग बंद हो सके
ताकि जनचेतना जागृत हो सके
ताकि देश प्लास्टिक मुक्त हो सके
ताकि प्लास्टिक मुक्त भारत अभियान सफल हो सके

जिसके लिए
पहले अपने विद्यालय को प्लास्टिक मुक्त करना होगा
जिसके लिए छात्रों के साथ-साथ
शिक्षक साथियों को भी जगाना होगा

जो न समझे, न माने, उसे मनाना होगा
सोए हुए लोगों को जगाना होगा
हर व्यक्ति तक संदेश पहुँचाना होगा
मुझे घर-घर जाना होगा

हर एक दरवाज़े की कुंडी खटखटाना होगा
और करनी होगी अपील
कि अब रोकना है प्लास्टिक का उपयोग
कि रोकना है फैलती हुई बीमारी को

जिसके लिए मैं जाऊँगा
हर गली और मुहल्ले में
मैं चलूँगा संकल्प के साथ
कि प्लास्टिक के उपयोग को रोकना है
मुझे चलाना होगा अभियान
जिसे देता हूँ नाम
प्लास्टिक मुक्त भारत : एक अभियान।

❖

शारदालय

कब से हृदय में थी ये अभिलाषा
तुम्हें लाऊँ अपने पाठशाला

क्यूँकि न जाने कितने वसंत गुज़र गए
तुम्हारे बिना ही तुम्हारे चित्र को पूजते
और इस संकल्प को मन में बसाए
कि एक न एक दिन
ज़रूर तुमको बिठाऊँगा

और लो
अब वो दिन भी आ गया
तुम्हें स्थापित करना इतना आसान भी न था
क्यूँकि अलग-अलग विचारधारा के साथियों को
एक विचार और सूत्र में पिरोना
आसान न था

लेकिन
मानो तुम सभी के मस्तिष्क में विराजमान होकर
सभी को राज़ी कर ली
और सभी एक-एक करके सहमत होते चले गए

सभी ने बढ़-चढ़कर सहयोग किया
इस संकल्प के साथ कि शिक्षा के इस मंदिर में
शिक्षा की देवी स्थापित होनी ही चाहिए
तुम्हारा स्थान होना ही चाहिए

नए-पुराने, छोटे-बड़े, छात्र-शिक्षक

और पूरे विद्यालय परिवार ने

तुम्हारे आने की खुशी में

पूरे विद्यालय को सजा दिया

बाजे-गाजे के साथ

वेद मंत्रों के उच्चारण के साथ

हर्षोल्लास के साथ

तुम्हारा स्वागत किया गया

सभी नज़रें तुम्हें ही निहार रही थीं

तुम्हें देखने आस-पास के सारे लोग इकट्ठे हो गए थे

तुम्हारे दिव्य रूप का प्रथम दर्शन

आह ! कितना अलौकिक था

उस दिन मुझे महसूस हुआ

शायद मेरे सारे संकल्पों में से

एक संकल्प आज पूरा हुआ

और वो था

हमारी माँ को हमारे विद्यालय में लाना

माँ शारदा के लिए शारदालय बनवाना।

इस बार की होली में

आओ मिलकर रंग लगाएँ, इस बार की होली में
नफ़रत की दीवार गिराएँ, इस बार की होली में

प्रेम से रिश्तों को सजाएँ, इस बार की होली में
रूठे हुए अपनों को मनाएँ, इस बार की होली में

जात-पात का भेद मिटाएँ, इस बार की होली में
ऊँच-नीच की दूरी हटाएँ, इस बार की होली में

शिक्षा की अलख जगाएँ, इस बार की होली में
मिलकर प्रेम गीत गाएँ, इस बार की होली में

राष्ट्रवाद की अलख जगाएँ, इस बार की होली में
सीमाओं की दूरी मिटाएँ, इस बार की होली में

भूख-ग़रीबी दूर भगाएँ, इस बार की होली में
सारे मिलकर खुशियाँ मनाएँ, इस बार की होली में

तेरी-मेरी बात भुलाएँ, इस बार की होली में
भूले को रास्ता दिखाएँ, इस बार की होली में

नशा नाश की जड़ बताएँ, इस बार की होली में
देश प्लास्टिक मुक्त बनाएँ, इस बार की होली में

नया कुछ कर दिखाएँ, इस बार की होली में
जन गण मन गुनगुनाएँ, इस बार की होली में

मन के रावण को जलाएँ, इस बार की होली में
राम राज्य वापस ले आएँ, इस बार की होली में

रोते बच्चे को हँसाएँ, इस बार की होली में
किसी ग़रीब बहन की डोली सजाएँ, इस बार की होली में

अनाथों का सहारा बन जाएँ, इस बार की होली में
किसी बीमार को मदद पहुँचाएँ, इस बार की होली में

स्वच्छ भारत साकार कर जाएँ, इस बार की होली में
रंग-बिरंगे गुलाल उड़ाएँ, इस बार की होली में।

❖

वार्षिक उत्सव

प्रतिवर्ष की भाँति
वार्षिक उत्सव की तैयारियाँ चल रही हैं
मंच पर अपनी प्रस्तुति देने को आतुर छात्र-छात्राएँ
अपने नृत्य, गायन, प्रहसन में अभ्यासरत

उन्हें उनकी तैयारियों में
सहयोग और मार्गदर्शन देते देख रहा हूँ
वे निश्छल, निष्पाप और निष्कलंक
बिना किसी कपट और छल के
सिर्फ़ कर रहे अपना-अपना अभिनय

दूसरी ओर देख रहा
बनता एक विशाल मंच
जीवन के विशाल मंच की तरह ही
और जैसे यह पूरी दुनिया करती है नाटक
जीवन के रंगमंच पर
सारे पात्र करते हैं अपना-अपना अभिनय
और निभाते हैं अपने-अपने दायित्वों
और कर्तव्यों की अदाकारी

वर्तमान में हर व्यक्ति
सिर्फ़ अभिनय ही करता है
वक़्त बदलता रहता है
पर्दा गिरता है
पर्दा उठता है

और हर बार
नया पात्र, नया कलाकार
एक नए अंदाज़ में निभाता है अपना किरदार
इस दुनिया के रंगमंच में

ऐसा लगता है
मानो पूरी सृष्टि ही अभिनय से परिपूर्ण है
और सब निभा रहे हैं अपना-अपना किरदार
जैसे ये धरती, अंबर, पहाड़
झरने, नदियाँ, पवन
मौसम, सूरज, चाँद

सारे निभाते हैं अपना-अपना किरदार
और हर दिन, हर रात
हर समय, हर काल, हर युग के बाद
पर्दा गिरता है
पर्दा उठता है

और फिर से शुरू होता है
जीवन के एक नए रंगमंच पर
नए कलाकारों का आगमन
वे निभाते हैं अपना-अपना किरदार

वर्तमान के
निज स्वार्थ की प्रतियोगिता से भरे जीवन में
स्वयं को जाने बिना ही

व्यक्ति एक मुखौटा लगाए
न जाने कितने पात्रों को अपने भीतर जीता है

और इस अभिनय की कला में
कोई सफल हो जाता है
तो कोई पिछड़-सा जाता है
जो पिछड़-सा जाता है वह नहीं कर पाता
स्वहित के लिए किसी दूसरे के अधिकारों का हनन
नहीं बन पाता ख़ुद-ग़रज़ और मतलबी

सारे के सारे अभिनय करते हैं
और बस अपनी बेहतर अभिव्यक्ति के लिए
सब भूल जाते हैं
न्याय, नीति, नैतिकता की बातें
और यह भी भूल जाते हैं
कि वे जीवन मंच पर महज़ एक कलाकार हैं
जिसका निर्देशक तो कोई और ही है
जो देख रहा है सभी का अपना-अपना अभिनय
और कर रहा मूल्यांकन पात्रों का
इस जीवन मंच पर
क्योंकि वही है सूत्रधार
इस जीवन के रंगमंच के जीवन उत्सव का
और वही है सर्वश्रेष्ठ कलाकार, निर्माता और निर्देशक

वही कराता है अभिनय हर कलाकार को
और बनाता है हमें अलग-अलग प्रकार के
अभिनय को अभिनीत करने वाला अभिनेता

क्योंकि वही है, जिसके इशारों से जीवन के रंगमंच का
पर्दा गिरता है
पर्दा उठता है

एक शिक्षक होते हुए हमें भी करना है
अपने-अपने हिस्से का अभिनय
पूरी क्षमता, लगन और ईमानदारी से
और करना है तैयार ऐसे पात्र
जो भविष्य में अपने कर्तव्यों, दायित्वों और गुणों से
महका सकें अभिनय के फूल
जिनकी ख़ुशबू से राष्ट्र की बग़िया हो जाए गुलज़ार

और देश-प्रेम, कर्तव्य-परायणता
निष्ठा, त्याग, बलिदान
ईमानदारी, न्याय, नैतिकता
भाईचारा, सहयोग, सौहार्द से युक्त
सारे पात्र हो सकें तैयार

ताकि विश्व के रंगमंच पर अभिनीत
राष्ट्रीयता का पात्र रहे सर्वश्रेष्ठ और आए प्रथम
वार्षिक उत्सव के सर्वश्रेष्ठ
नृत्य, गायन, प्रहसन की तरह

क्योंकि एक शिक्षक और छात्र से ही राष्ट्र के भविष्य का
पर्दा गिरता है
पर्दा उठता है।

❖

तंबाकू मुक्त शिक्षण संस्थान

मिलकर करें कोशिश यही सारे
व्यसन ग्रसित न हों छात्र हमारे
शिक्षक व पालक लें स्वयं संज्ञान
बचाएँ अपने विद्यार्थी और संतान

शिक्षण गतिविधियों का हिस्सा है यह
शिक्षकों की भी है अहम ज़िम्मेदारी
जब शिक्षक ही इसका माध्यम बने हैं
तो हो व्यसन मुक्त पाठशाला हमारी

टीवी चैनल, मीडिया के विज्ञापन
तरह-तरह की भ्रांति फैलाते हैं
उद्घोषक और कलाकार भी
भोले दर्शकों को बहकाते हैं

देख-देख इन विज्ञापनों को जो
नशे की गिरफ़्त में पड़ जाते हैं
स्वास्थ्य से खिलवाड़ करते हैं वो
जीवन भर फिर पछताते हैं

फ़ैशन के इस दौर में पड़कर वे
सिगरेट के छल्ले ऐसे उड़ाते हैं
नशे की लत लग जाए तो फिर
समाज में स्तर अपना गिराते हैं

काले हो जाते और सड़ते दाँत
होती बीमारी और सड़ती आँत
व्यर्थ तंबाकू और सुपारी चबाते
कैंसर जैसे भयंकर रोग हो जाते

चबाते गुटका, पान और सुपारी
परिणाम इनका गंभीर बीमारी
नई कोंपलों को बचाना होगा
तंबाकू मुक्त बनाना होगा

नैतिकता का होता पतन
और चरित्र का भी हनन होता है
देखकर बुद्धिजीवी समाज
फिर क्यूँ आँखें बंद करके सोता है

नशे के दुष्प्रभाव से होकर अनजान
व्यर्थ गँवाते हो तुम क्यों अपने प्राण
चलो छेड़ें फिर एक नया अभियान
बनाएँ तंबाकू मुक्त शिक्षण संस्थान।

❖

मतदान करो, मतदान करो

किंचित् ही न भय खाओ
न ही अपना मत गँवाओ
संविधान ने दिया तुम्हें अधिकार
उस अधिकार का सम्मान करो
मतदान करो, मतदान करो

सबसे बड़ा है दान यही
सबसे बड़ा ही काम है
छोड़कर सारी बातों को
सबसे पहले ये काम करो
मतदान करो, मतदान करो

न लो किसी से पैसे, न कोई क़समें खाओ
न बेचो अपना वोट, न किसी लालच में आओ
वोट का समझो महत्व तुम
सोच-विचारकर यह काम करो
मतदान करो, मतदान करो

तुम्हारा मत है अनमोल
चेतना के अब तो पट खोल
मूल अधिकार का भान करो
सूझ-बूझ की पहचान करो
मतदान करो, मतदान करो

मत सदुपयोग की फिर बारी आई
नव राष्ट्र निर्माण की घड़ियाँ लाई
एकता के सूत्र में पिरोने
सबके विचारों को सँजोने
अपने मत का महादान करो
मतदान करो, मतदान करो

दादी, मामी, चाची, नानी
दीदी, बुआ और सहेली
पिंक बूथ पर चलो साथ
लो सेल्फ़ी, दिखाओ विश्वास
त्योहार विशेष पर मान करो
मतदान करो, मतदान करो

युवा साथी आगे आओ
जनचेतना की धुन लगाओ
मताधिकार है मंत्र तुम्हारा
जागरूक हो राष्ट्र सारा
युवा बूथ का ध्यान करो
मतदान करो, मतदान करो

लोकतंत्र का महापर्व यह
सारे पर्वों से भी बड़ा
राष्ट्र हित की ख़ातिर तुम भी
चलो सभी का आह्वान करो
मतदान करो, मतदान करो।

परीक्षा

चल रहा दौर बोर्ड परीक्षाओं का
सारे लगे हैं तैयारियों में
पालक, बालक
विद्यार्थी, शिक्षक
ताकि हो सकें उत्तीर्ण
अच्छे अंक लेकर
ताकि हो सकें सफल
होने वाली परीक्षा में

ये जीवन एक परीक्षा ही है
और हम सभी हैं परीक्षार्थी
क्योंकि जीवन प्रतिपल लेता है परीक्षा
जिसमें हम अपने परिवार, समाज और देश के साथ
शिक्षा, संस्कार, आस्था और विश्वास के साथ सीखते रहते हैं

जहाँ जाने-अनजाने
उतार-चढ़ाव
सुख-दुख
सफलता-असफलता
के सारे प्रश्नों के उत्तर
हमें ही तलाशने होते हैं

एक इंसान का संघर्ष
जीवन के प्रारंभ के पहले से ही शुरू होकर

माँ की कोख के बाद
गोद से लेकर
मृत्यु की शैय्या तक रहता है जारी

जहाँ जीवन के चक्रव्यूह में
अभिमन्यु-सा फँसा इंसान
करता रहता है संघर्ष
और होती है उसकी परीक्षा
अभिमन्यु से अर्जुन बनने तक
करना पड़ता है संघर्ष
जिनमें सारे सुख-दुख, संवाद-विवाद
उल्लास-अवसाद, संयोग-वियोग
धर्म, अर्थ, काम, मोक्ष के कर्मों की
परिभाषा समझते हुए ही
जीवन की सार्थकता सिद्ध होती है

जीवन के इन पड़ाव रूपी परीक्षाओं में
कोई सफल होता है
तो कोई विभिन्न सोपानों में पिछड़-सा जाता है
और उलझा-सा रह जाता है
कोई अभिमन्यु सा हार जाता है
चक्रव्यूह में फँसकर

और कोई अर्जुन-सा
भेद लेता है लक्ष्य
जो जीवन की परीक्षा रूपी मछली की आँखों मे होता है

वह नहीं होता विचलित
जीवन के झंझावातों और आने वाले तूफ़ानों से
लक्ष्य-केंद्रित होकर
करता है वह अपनी साधना
अर्जुन बनने के लिए

आवश्यकता इस बात की है
कि हर विद्यार्थी
मन, वचन, कर्म से
नैतिक मूल्यों की रक्षा करते हुए
रहे हमेशा तैयार देने को परीक्षा
और करे स्वागत
जीवन के विभिन्न सोपानों का
एक योद्धा की भाँति
अर्जुन की तरह बनकर

ताकि वह परीक्षक रूपी जीवनदाता
हमें कभी न कर सके अनुत्तीर्ण
और हमें ख़ुद पर गर्व हो
कि हाँ, हमने
साहस, संघर्ष, आस्था
विश्वास, धैर्य, लगन
और ईमानदारी से दी है
जीवन की हर एक परीक्षा
और भेदा है लक्ष्य को
अपनी सफलता के तीर से।

❖

समर कैंप

गर्मी की छुट्टियों में
चल रहा
समर कैंप का दौर
पेड़ की छाँव है
और विद्यालय का ठौर

छात्र-छात्राएँ सीख रहे
कुछ कौशल
कुछ लेखन, कुछ कृतिकारी
और कुछ चित्रकारी
बच्चों के संग मिलकर
कर रहे हैं हम भी कुछ कलाकारी

नन्हे हाथ बना रहे हैं विभिन्न कल्पनाओं के
सजीव चित्र
और साकार करने को रँग रहे काग़ज़
अपने मनचाहे रंगों से

उन्हीं में से कुछ बनाते
इंद्रधनुष के चित्र
भरते रंगों से काग़ज़ को
उल्टे आधे चंद्रमा की तरह
सात रंगों से सजाते बच्चे
जैसे सजा रहे हों अपने जीवन के रंगों को

सभी के अपने-अपने सपने हैं
और अपना-अपना जीवन
और अपने-अपने रंग हैं
वे अपने-अपने मन के काग़ज़ में भरते
अपने-अपने तरीक़े के इंद्रधनुष
अपने-अपने मनचाहे रंगों से भरते
जीवन के अलग-अलग रिश्तों में
रंग अपना-अपना

यही सीखना है
और सिखाना है उन नन्हे चित्रकारों को
हाथों में देकर उनके क़लम
कि नहीं है कोई बाधा
न कोई रुकावट
और न ही कोई बंदिश

अपनी-अपनी कल्पनाओं को रूप देकर
उन्हें भरना है कुछ खुशियों के रंग
कुछ सफलताओं के रंग
कुछ कर्तव्यों के रंग
कुछ ऐसे रंग, जो साकार करें
एक सच्चे नागरिक के गुणों से भरे इंद्रधनुषी रंग
साथ ही ऐसे रंग
जो उनके हृदय में छुपी कल्पनाओं के स्तंभों को रँगकर
उन्हें सफलता की ऊँचाइयों पर ले जा सकें

ताकि वे सजा सकें ऐसे दीपों के कलश
जिनके रंगों की ज्योति सारे संसार में फैल सके
ताकि अखिल विश्व में सूने आकाश को भर सकें
प्रेम, सौहार्द, भाईचारा, सहयोग
न्याय, नैतिकता और कल्याण के
सतरंगी मिश्रित रंगों से
और कर सकें श्रृंगारित
वशुधैव कुटुंबकम् के मृत धवल सपनों को
ताकि भर सकें वे तीन रंग सभी के हृदय में
ताकि रहे लहराता तिरंगा सदैव
विश्व पटल पर चिरकाल तक

इससे पहले कि ये मौसम बदल जाए
इससे पहले कि देर हो जाए
इससे पहले कि कोई न कर दे बेरंग
इन नन्हे कलाकारों के हृदय को

आओ, सब मिलकर समेट लें
अपने-अपने हिस्से के ख़ूबसूरत रंग
आओ, अपने-अपने हिस्से के
प्रेम, सौहार्द, भाईचारा, सहयोग
न्याय, नैतिकता और कल्याण के रंगों से
बनाएँ नया रंगीन इंद्रधनुष
जीवन के कैनवास पर
समर कैंप में
और समर कैंप के बाद भी।

❖

यूथ एवं इको क्लब

आओ मिलकर पेड़ लगाएँ
वसुंधरा को स्वस्थ बनाएँ
जीवन शैली में लाएँ सुधार
पृथ्वी को हरा-भरा बनाएँ

एक-एक पेड़ बचाना होगा
हर एक को समझाना होगा
जल-जंगल से ही जीवन है
संदेश घर-घर पहुँचाना होगा

जल से ही बचेगा जीवन
जंगल से होगी खुशहाली
समुचित करें इसका उपयोग
तो हर तरफ़ होगी हरियाली

सुनो बंधुओ, सुनो रे भाई
अब कठिन स्थिति है आई
दे रही है प्रकृति चेतावनी
ख़त्म हो रहा पृथ्वी से पानी

हम सबको पानी बचाना होगा
मिशन लाइफ़ अपनाना होगा
पोषित होगा जब पौधा-जंगल
तभी होगा हम सबका मंगल

बढ़ रहा प्रतिदिन पृथ्वी का ताप
पानी होता हर तरफ़ यूँ ही बर्बाद
ऊर्जा संरक्षण पर भी दें ध्यान
तभी होगा मनुज का कल्याण

बालक, पालक और समुदाय
मिलकर सब अब आगे आएँ
समाज में जागरूकता लाएँ
जो न समझे, उसे समझाएँ

छेड़ो सब मिलकर अभियान
मिले सुखद इसका परिणाम
मिशन लाइफ़ का हो सम्मान
ईको क्लब की करो पहचान।

उत्कृष्ट गरियाबंद

कुछ ज्ञान की बातें हो जाएँगी
कुछ सीखने को मिल जाएगा

कुछ समाचार भी सुन लेंगे
कुछ सुविचार भी गुन लेंगे

कुछ संकोच हमारा दूर होगा
कुछ बोलने का सुरूर होगा

कुछ गा लेंगे मिलकर गीत
होगी यही प्रार्थना की रीत

होगा नया जोश, नई उमंग
सीखेंगे हम सब संग-संग

बात रखने का मिलेगा मौक़ा
शिक्षा में हम मारेंगे चौका

ज़िलाधीश ने की नई शुरुआत
होगी उत्कृष्ट गरियाबंद की बात

नहीं आएगी अब कोई अड़चन
क्यूँकि अब रोज़ बोलेगा बचपन।

❖

संकल्प आज मैं लेता हूँ

क्यूँ आवाज़ नहीं देती सुनाई ?

क्या तुमको नहीं देता दिखाई ?

क्यूँ आँखों में सबके पानी है ?

और कितनी जानें जानी हैं ?

क्यूँ शिक्षा का स्तर गिर रहा ?

क्यूँ शिक्षक भूखों मर रहा ?

क्यूँ हर तरफ़ असंतोष छाया है ?

क्यूँ ये मनहूसी का साया है ?

क्यूँ आह तुम सबकी ले रहे ?

बताओ तुम क्या दे रहे ?

जब वेतन ही समय पर नहीं मिला

बताओ कैसा विकास तुमने किया ?

क्यूँ सड़कों पर आज शिक्षक है ?

शिक्षक है या फिर भिक्षुक है ?

किस बात का त्योहार मनाते हो ?

रह-रहकर उपहास उड़ाते हो ?

सुनो ! जब राष्ट्र निर्माता ही रो रहा

समझो, फिर देश सो रहा

बोलो, रामराज की क्या परिभाषा है ?

क्या यही मर्यादा की भाषा है ?

किस मद में चूर हो रहे ?

क्यूँ वचन से दूर हो रहे ?

बोलो, राजा का क्या कर्म है ?

क्या सत्ता सुख ही धर्म है ?

क्यूँ टुकड़ों में तुम बाँट रहे ?

क्यों व्यर्थ ही समय काट रहे ?

जब जीवन भर पानी पिलाया नहीं

फिर मृत्यु पर गंगाजल का मोल नहीं

वर्षों की पीड़ा क्यूँ दूर नहीं ?

क्यूँ संविलयन मंज़ूर नहीं ?

संकल्प आज मैं लेता हूँ !

लो तुमको अंतिम अवसर देता हूँ

राजा हो तो धर्म निभाओ

हमको हमारा सम्मान लौटाओ

अब और फ़रियाद नहीं करेंगे

बस तुमको याद नहीं करेंगे

शिक्षक कल्याण कार्य करते हैं

बुरा कभी किसी का नहीं करते हैं

लेकिन जहाँ गुरु का अपमान हो

जहाँ मान न सम्मान हो।

गर ज़िद तुम्हारी जायज़ है

तो क्या शिक्षक नाजायज़ है ?

गुरु के मुख से ईश्वर कहता
लो आज मैं फिर कहता हूँ
नष्ट हो जाएगी सत्ता तेरी

और अभिमान तेरा टूटेगा
जिनका तूने अपमान किया
एक दिन उनके आगे झुकेगा
संकल्प आज मैं फिर लेता हूँ
यह संकल्प रथ न रुकेगा।

❖

तो धिक्कार है ऐसी खुशियों पर !

क्यों मन में सबके उलझन है ?

क्यों फिर आपस में अनबन है ?

क्या फिर कोई कूटनीति खेली गई ?

क्या फिर स्वार्थ की रोटी बेली गई ?

जिस यज्ञ की वेदी पर

सबने दी है आहुति

जिस पीड़ा के पथ पर

है सबके संघर्ष की गति

उस पथ पर कैसे तुम रुक सकते हो ?

फिर कैसे तुम झुक सकते हो ?

निज स्वार्थ में टूट सकते हो ?

केवल अपनी खुशी में जुट सकते हो ?

तो धिक्कार है ऐसी खुशियों पर !

घर का चूल्हा सबका एक

निज सम्मान सबका एक

माँग उठी जब सबकी एक

किया कार्य जब सबने एक

दर्दों की कहानी जब सबकी एक

ये नासूर परेशानी जब सबकी एक

तो फिर कैसे निर्णय हुआ है भिन्न ?

जबकि कंधे हमारे सबके अभिन्न

क्या वही इतिहास दुहराओगे ?

क्या साथी का दुख भूल जाओगे ?

यह कैसा नेतृत्व किया तुमने बताओ ?

केवल अपनी ख़ुशियों की मिठाई बँटवाओ

मगर धिक्कार है ऐसी ख़ुशियों पर !

जब वर्गों में बाँट दिया

जब संघों में बाँट दिया

जब वर्षों में बाँट दिया

लो फिर हमको छाँट दिया

वर्षों के बंधन में बोलो कैसे सम्मान हुआ ?

अब क्या एक ही छत के नीचे

अलग-अलग काम हुआ ?

समान काम समान वेतन का नारा लेकर

जो संघर्ष का ध्वज उठाया है

संविलयन की बलिवेदी पर

जब सबने अपना रक्त बहाया है

तो कैसी ख़ुशियाँ मनाते हो ?

धिक्कार है ऐसी ख़ुशियों पर !

कड़ी धूप में मैदानों पर

जब सबने भरा हुंकार

सहन किया अपमान

फिर सबने किया चीत्कार

फिर क्यों तुम सबमें

श्रेय और श्रेष्ठता की मची है होड़ ?

फिर क्यों एकता की आवाज़ को रहे हो तोड़ ?

बोलो, कैसा ये वर्ष बंधन है ?

और कैसे तुम स्वीकारोगे ?

बोलो, संगठन और सामूहिक शक्ति से

क्या फिर ललकारोगे ?

या अपनी ख़ुशियाँ मनाओगे

मगर धिक्कार है ऐसी ख़ुशियों पर !

आम शिक्षक की आवाज़ बन

जब तुमने ताज पहना

फिर कैसे आधे को संविलयन

और आधे को वर्ष बंधन सहना ?

इच्छाशक्ति से आवाज़ उठाओ

यही अंतिम अवसर है

अब अंतिम शस्त्र चलाओ

झुककर सत्ता ने

अगर बात तुम्हारी मानी है

तो फिर ये मत भूलो

कि अब भी आँखों में पानी है

साथी के लहू में डूबी मिठाई मत बाँटो

धिक्कार है ऐसी ख़ुशियों पर !

हे शीर्ष नेतृत्वकर्ताओ, बोलो

आज जवाब हम माँग रहे

क्यों संविलयन की खूँटी पर

अपने भाइयों को टाँग रहे ?

सुनो, संविलयन की रोटी खाएँगे
तो सभी खाएँगे
वरना शर्तों और बंधनों की भीख वापस लौटाएँगे
अगर ऐसा न हुआ

तो बोलो, फिर कहाँ सम्मान तुम्हारा ?
अगर फिर बँटे टुकड़ों में
समझो, फिर पूरा शिक्षक समाज हारा
हार की खुशियाँ न मनाओ
क्योंकि धिक्कार है ऐसी खुशियों पर !

❖

बदलता विद्यालय

कुछ बदल रहा है

कुछ बदल गया है

मेरा स्कूल सँवर रहा है

बदलाव ज़रूरी है

लेकिन अब कुछ नया-नया-सा लगता है

कुछ जाने-पहचाने से चेहरे

अभी भी साथ काम करते हैं

लेकिन बहुत से नए चेहरे दिखने लगे हैं आजकल

अब पहले-सी आत्मीयता का भी

अभाव-सा नज़र आने लगा है

या हो सकता है कि समय के साथ कुछ बढ़ जाएगी

अब नाम भी बदल दिया गया है

ऐसे पहले भी लंबा-सा था तुम्हारा नाम

अब और भी लंबा कर दिया गया है

नया सेटअप भी बन चुका है

और मीडियम भी बदल चुका है

एक अजीब-सा माहौल बन गया है

जिसमें सेट होने में शायद थोड़ा टाइम लगे

प्रतिस्पर्धा-सी हो गई है अब सबके बीच

मानो कोई गाड़ी छूट रही है

वैसे भाग रहे हैं सब

एक-दूसरे को पीछे छोड़ने की कोशिश में
छोड़ रहे हैं अपनापन, आत्मीयता और नैतिकता

हर किसी को तलब-सी हो गई है
प्रचारित और प्रसारित होने की
और शोहरत की इस दौड़ में
एक-दूसरे को नीचा दिखाना सीख रहे हैं सब

अब नहीं आती पहले जैसी महक
उस अपनेपन के पुष्प की
जो कभी खिला रहता था
बाउन्डरी वॉल के साथ बनी हुई क्यारियों में

एक-दूसरे से ऊँचे होने की ललक ने
जैसे ख़त्म कर दी है
स्टाफ़ रूम की उस चहल-पहल और हँसी-ठिठोली को
जो ख़ाली पीरियड में साथ बैठकर
एक-दूसरे के साथ किया करते थे

क्योंकि अब सारे लोगों का
अपना-अपना अलग-अलग ठिकाना है
मित्रता और सहयोग की भावना की जगह
प्रतिस्पर्धा और षड्यंत्र की दुर्भावना ने ले लिया है जन्म
और बढ़ती जा रही है वह
किसी विशाल वृक्ष में लिपटी हुई
अमरबेल की तरह।

❖

सेवानिवृत्ति

एक व्यक्ति
जो सारी ज़िंदगी करता है काम
किसी एक ही ऑफिस में
जो पूरी जवानी कर देता है ख़त्म
एक ही काम के पीछे

उम्र की ढलान पर
और एक निश्चित समय आने पर
जब पड़ता है छोड़ना वही काम
तब सारी उम्र का हिसाब उस समय किया जाता है

कितना कमाया, कितना बचाया
क्या मिल रहा, क्या मिलेगा
इन्हीं के बीच उलझा हुआ
काग़ज़ों में घिरा रहता है वह

कसक होती है उसके हृदय के भीतर
क्योंकि अब जीवन के तमाम टर्निंग प्वाइंट की तरह
एक और मोड़ आने वाला होता है उसके जीवन में

जिसकी ख़ुशी भी होती है
कि चलो, अब आराम मिलेगा
और ग़म भी होता है
कुछ छूट जाने का

इसी ऊहापोह में ही उलझ-सा जाता है मन
जहाँ रोज़ का आना-जाना
उठना-बैठना और काम करना होता था
अब अचानक से ही वहाँ से होना पड़ता है अलग
छोड़ना पड़ता है सब कुछ

और फिर हो जाना पड़ता है अलग
कुछ लोगों की शुभकामनाएँ और दुआएँ साथ लेकर
हृदय में यादों का पिटारा लेकर
कुछ पाने और कुछ खोने का एहसास लेकर
जीवन की उपलब्धियों संग कुछ आस लेकर
कुछ अपनों को छोड़, कुछ बिताए पल ख़ास लेकर
कुछ शब्द और कुछ ख़ामोशियाँ साथ लेकर

मैंने देखा है
अचानक से ही उस चेहरे से चमक कम होते
जिसकी चमक से सारा कार्यालय चमकता था
उन झुकीं और शायद कुछ नम हुई आँखों का दर्द
और तमाम जुड़ी हुई भावनाओं से
पृथक होने का एहसास

देखने को तो ये एक सामान्य प्रक्रिया है सेवाकाल की
जिसमें एक निश्चित समय पश्चात् ऐसा होना ही है
लेकिन जिस प्रकार
एक परिवार से बिछड़ने का दर्द होता है महसूस
ठीक उसी तरह ही होती है तकलीफ़ और हृदय में पीड़ा
सेवानिवृत्ति के समय।

❖

ज्ञान की मशाल लिए खड़ा हूँ मैं !

सहस्रों को मार्ग बताता, अंधकार में राह दिखाता
सत्य-पथ पर चलने के लिए, नीति-न्याय का पाठ पढ़ाता
और अनीति-अन्याय-अत्याचार होने पर लड़ा हूँ मैं
शिक्षक हूँ, ज्ञान की मशाल लिए खड़ा हूँ मैं !

राम-कृष्ण-गौतम की भूमि, गुरु नानक-पैग़ंबर-यीशु की धरती
यहाँ गुरु की उतारते आरती, जिन पे नाज़ करती है भारती
चंदन-सा युगों-युगों से भारत के माथे पर जड़ा हूँ मैं
शिक्षक हूँ, ज्ञान की मशाल लिए खड़ा हूँ मैं !

अब, सरकारें आतीं-जातीं, हमसे सीखकर हमें ही सिखातीं
हमारी निःस्वार्थ सेवा के बदले, हमको ही आँखें दिखातीं
कल संपूर्ण देश था, भले ही आज हाशिए में पड़ा हूँ मैं
शिक्षक हूँ, ज्ञान की मशाल लिए खड़ा हूँ मैं !

जब भी अधिकार की बात करते, समाज के द्वारा कोसे जाते
'इनके पास नहीं कोई काम है, शिक्षक बस करते आराम हैं'
फिर भी क्यों हमेशा हर सरकारी काम में पड़ा हूँ मैं ?
शिक्षक हूँ, ज्ञान की मशाल लिए खड़ा हूँ मैं !

पहले की भाँति, अनुशासन के लिए दंड न दे सकते हैं
बस थोड़ी मर्यादा और थोड़े सम्मान की आस रखते हैं
फिर क्यों अपने ही विद्यार्थियों के अपमान की भेंट चढ़ा हूँ मैं ?
शिक्षक हूँ, ज्ञान की मशाल लिए खड़ा हूँ मैं !

आदर्शों-मूल्यों की बातें छोड़िए, शिक्षा एक व्यवसाय बना है
कौन है इसका जवाबदेह ? निजी संस्थानों को किसने जना है ?
इन दिनों आख़िर क्यों इन झंझावातों में पड़ा हूँ मैं ?
शिक्षक हूँ, ज्ञान की मशाल लिए खड़ा हूँ मैं !